Manual que acompaña

Punto y aparte

Manual que acompaña

Punto y aparte
Spanish in Review:
Moving Toward Fluency

Sharon W. Foerster
University of Texas at Austin

Anne Lambright
Bucknell University

Fátima Alfonso-Pinto
University of Texas at Austin

 **McGraw-Hill College**

Boston   Burr Ridge, IL   Dubuque, IA   Madison, WI   New York   San Francisco   St. Louis
Bangkok   Bogotá   Caracas   Lisbon   London   Madrid
Mexico City   Milan   New Delhi   Seoul   Singapore   Sydney   Taipei   Toronto

McGraw-Hill College

A Division of The McGraw·Hill Companies

This is an  book.

Manual que acompaña
PUNTO Y APARTE

1 2 3 4 5 7 8 9 0 EDW/EDW 9 3 2 1 0 9 8

ISBN 0-07-021662-2

http://www.mhhe.com

Contents

To the Instructor

This *Manual* is designed to accompany *Punto y aparte,* published by The McGraw-Hill Companies, Inc., 1999. This combined workbook and laboratory manual offers a variety of written exercises and listening and pronunciation practice that reinforces the vocabulary and **puntos clave** presented in the main text. Once a section from the textbook has been introduced, the instructor may assign the same section in the *Manual* as a reinforcement of the work done in class.

Each chapter of the *Manual* contains two sections: **Práctica escrita** and **Práctica oral.** Many of the exercises in the *Manual* are based on the lives of the five friends introduced in the video and text or on cultural information about the region featured in each chapter of the text. Here is an overview of the different sections of the *Manual*.

Práctica escrita

- **Vocabulario del tema:** The vocabulary exercises are introduced with a recognition exercise. This is followed by exercises that require students to use the new vocabulary in different contexts.

- **Puntos clave:** This section begins with **Práctica de formas verbales,** a form-focused exercise that features six verbs from the new vocabulary. This exercise is followed by **Traducciones,** in which students translate expressions in various tenses. **El punto clave principal** features a series of exercises to help students practice the chapter's featured communicative function. **Los otros puntos clave** exercises give students the opportunity to continue practicing all seven communicative functions in each chapter.

  Because vocabulary acquisition is one of the main goals of the *Punto y aparte* program, the **Reciclaje de vocabulario y los puntos clave** section (beginning with **Capítulo 2**) provides an excellent opportunity for students to use the vocabulary and grammar from previous chapters within the context of the new chapter theme.

- **Portafolio de lecturas:** This optional activity found in each chapter asks students to choose a region of the Spanish-speaking world and to read articles on that region throughout the term. Students may complete the **Portafolio** chart and hand in their report either as a course requirement or for extra credit.

- **¡A escribir!:** This optional activity found in each chapter asks students to complete a movie review based on a movie thematically tied to the chapter. A list of possible films is also given. This writing activity may be used as an integral part of the curriculum or as an extra credit activity.

- **Prueba diagnóstica:** Every other chapter contains a diagnostic quiz that assesses students' grasp of the grammar points needed in order to successfully express the seven communicative functions (**los puntos clave**) presented throughout the text.

Práctica oral

- **Trabalenguas:** These tongue twisters serve as a unique and fun way for students to continue to practice and improve their Spanish pronunciation. The **trabalenguas** also contain elements of the **puntos clave,** highlighted for ease of recognition, that they are studying.

- **Situaciones:** The first of these activities features a new character named María Metiche (*Busybody*), a regular at the Ruta Maya café, who gossips about what she recently overheard. The main purpose of this exercise is to reinforce students' abilities to recognize the distinct uses and functions of the preterite and the imperfect. Another activity in this section, **Vocabulario del tema,** assesses students' comprehension of the chapter's active vocabulary terms.

- **Los puntos clave:** The first activity in this section is a structured input activity that requires students to demonstrate their comprehension of a series of statements based on verbal forms or word endings, rather than morphological time or gender markers, respectively. The second activity in this section, **Dictado,** asks students to write the five or six sentences they hear and to then indicate which **punto clave** is present in each sentence.

- **Para escuchar mejor:** This chapter-culminating listening activity provides students with the opportunity to hear a longer monologue on an academic topic and to practice notetaking. This section begins with pre-listening activities (**Antes de escuchar**) that serve as an introduction into the theme of the monologue and as practice for listening for specific information. The first activity in **Después de escuchar** assesses students' comprehension of the listening passage. The second activity, **¡Apúntelo!,** asks students to listen once again to the passage. Here students take notes on the content of the passage and summarize it in a chapter-ending writing task.

An answer key is provided at the back of the *Manual* so that students may check their own work. In addition, answers to many of the **Práctica oral** activities are given on tape. Activities or parts of activities marked with this symbol (❖) do not contain answers either in the answer key or on tape.

The authors would like to express their appreciation to William R. Glass, who helped shape the content of the *Manual*, and to Scott Tinetti, who oversaw its editing. Thanks are also due to our former colleague, Pennie Nichols-Alem, who carefully edited the activities and exercises of the *Manual*.

To the Student

Welcome to the *Manual que acompaña Punto y aparte*. This combined workbook and laboratory manual offers a variety of written exercises and listening and pronunciation practice that reinforces the vocabulary and **puntos clave** presented to you in the main text.

Each chapter of the *Manual* contains two sections: **Práctica escrita** and **Práctica oral.** Many of the exercises in the *Manual* are based on the lives of the five friends introduced in the video and text or on cultural information about the region featured in each chapter of the text. Here is an overview of the different sections of the *Manual*.

Práctica escrita

- **Vocabulario del tema:** The vocabulary exercises in this section will require you to use the new vocabulary in a variety of contexts.

- **Puntos clave:** This section uses new chapter vocabulary to help you improve your grasp of the seven communicative functions (**los puntos clave**) that you are working with throughout the text. In **Reciclaje de vocabulario y los puntos clave** (beginning with **Capítulo 2**), you also have the opportunity to use vocabulary and grammar from previous chapters within the context of the new chapter theme.

- **Portafolio de lecturas:** This optional activity found in each chapter provides you with the opportunity to choose a region of the Spanish-speaking world and to read articles on that region throughout the term.

- **¡A escribir!:** This optional activity found in each chapter allows you to complete a movie review based on a movie thematically tied to the chapter. A list of possible films is also given.

- **Prueba diagnóstica:** Every other chapter contains a diagnostic quiz that assesses your grasp of the grammar points needed in order to successfully express the seven **puntos clave** presented throughout the text.

Práctica oral

- **Trabalenguas:** These tongue twisters serve as a unique and fun way for you to continue to practice and improve your Spanish pronunciation. The **trabalenguas** also contain elements of the **puntos clave,** highlighted for ease of recognition.

- **Situaciones:** The first of these activities features a new character named María Metiche (*Busybody*), a regular at the Ruta Maya café, who gossips about what she recently overheard. The main purpose of this exercise is to reinforce your abilities to recognize the distinct uses and functions of the preterite and the imperfect. Another activity in this section, **Vocabulario del tema,** assesses your comprehension of the chapter's active vocabulary terms.

- **Los puntos clave:** These activities practice listening comprehension of the **puntos clave** you are working with throughout the text. In the **Dictado** exercises, you will listen to statements and write down what you hear.

- **Para escuchar mejor:** This chapter-culminating listening activity provides you with the opportunity to hear a longer monologue on an academic topic and to practice notetaking. This section begins with pre-listening activities (**Antes de escuchar**) that serve as an introduction into the theme of the monologue and as practice for listening for specific information. The first activity in **Después de escuchar** assesses your comprehension of the listening passage. The second activity, **¡Apúntelo!,** asks you to listen once again to the passage and take notes on the content of the passage, then summarize it in a final writing task.

An answer key is provided at the back of the *Manual* so that you may check your own work. In addition, answers to many of the **Práctica oral** activities are given on tape. Activities or parts of activities marked with this symbol (❖) do not contain answers either in the answer key or on tape.

We hope you enjoy this course as you move toward fluency in Spanish!

Los siete puntos clave

Icon	Communicative Function	Grammatical Structures
D (DESCRIBIR)	**Descripción**	• agreement • **ser/estar** • participles as adjectives
C (COMPARAR)	**Comparación**	• agreement • **tan... como, más/menos... que**
R (REACCIONAR RECOMENDAR)	**Reacciones y recomendaciones**	• subjunctive in noun clauses • commands
P (PASADO)	**Narración en el pasado**	• preterite • imperfect • present and past perfect
G (GUSTOS)	**Hablar de los gustos**	• **gustar**-type constructions • indirect object pronouns
H (HIPÓTESIS)	**Hacer hipótesis**	• conditional tense • imperfect subjunctive
F (FUTURO)	**Hablar del futuro**	• future tense • subjunctive for pending or future actions

Conectores y palabras de transición

Secuencia de tiempo

primero	*first*
segundo	*second*
tercero	*third*
al mismo tiempo	*at the same time*
desde entonces	*from then on*
después	*after*
durante	*during*
finalmente	*finally*
luego	*then*
mientras	*while*
por último	*last of all*

Resultado

a causa de	*on account of*
por lo tanto	*therefore*
por eso	*therefore, for that reason*
por esta razón	*for this reason, because*

Concesión

a pesar de	*in spite of, despite*
no obstante	*nevertheless*
pero	*but*
sin embargo	*nevertheless*

Contraste

al contrario	*on the contrary*
en cambio	*on the other hand, instead*
por otro lado	*on the other hand*
sino	*but (rather)*

Para añadir

además ⎤	
es más ⎦	*besides*
incluso	*even*
también	*also*

Opinión

Desde mi punto de vista...	*From my point of view . . .*
En mi opinión...	*In my opinion . . .*
Que yo sepa...	*As far as I know . . .*
Según...	*According to . . .*

Condición

a menos que	*unless*
con tal (de) que	*provided that*
para que	*so that*
puesto que	*since*
tan pronto como	*as soon as*
ya que	*since*

Conclusión

Así que...	*So . . .*
En conclusión...	*In conclusion . . .*
Para concluir...	*To conclude . . .*

Nombre _____ Fecha _____ Clase _____

✎ PRACTICA ESCRITA

Cara a cara: Los cinco amigos

❖**A. Detalles personales.** Lea las indicaciones a continuación. Luego, complete la segunda oración con información personal.

1. Diego nació en San Julián, México. Yo _____

2. El primer trabajo de Sara fue en una emisora de radio. Mi primer trabajo

3. La madre de Javier quiere que él se case con una puertorriqueña. Mi madre (padre, hijo/a, ...)

quiere que yo _____,

pero yo _____

4. Laura comenzó a aprender español en la universidad. Yo _____

5. Cuando termine sus estudios, Laura se mudará al Ecuador. Yo _____

❖Asterisks before exercises or parts of exercises indicate that there are *no* answers for that item in the Answer Key.

R REACCIONAR RECOMENDAR

6. Según Sergio, es increíble que los norteamericanos no sepan más de la música latina. En mi opinión, _____

C COMPARAR

7. Sara es más delgada que Laura pero menos alta que ella. Mi mejor amigo/a es

_____

G GUSTOS

8. A Javier le encanta hablar con todo el mundo. A mi mejor amigo/a y a mí

_____

H HIPÓTESIS

9. Si Sergio pudiera conseguir un puesto en Los Angeles, se mudaría allí inmediatamente. Si yo

_____

P PASADO

10. Diego y Javier se conocieron cuando Javier asistía a un congreso en Monterrey. Mi mejor amigo

y yo _____

D DESCRIBIR

11. Ruta Maya es el café preferido de nuestra pandilla (*gang*) de amigos. En mi primer año de la

universidad, mi lugar favorito era _____ porque

_____

R REACCIONAR RECOMENDAR

12. Según los padres de Diego, es ridículo que él abra más tiendas. En mi opinión,

_____

G GUSTOS

13. A Javier le encantaría tener un trabajo que le permitiera viajar mucho. A mí

B. Perfil (*Profile*) personal

❖ **Paso 1.** Complete lo siguiente con información sobre Ud.

Rasgo (*Trait*) principal de mi carácter: _____

Mi defecto principal: _____

Cualidad que busco en un amigo / una amiga: _____

Lo que prefiero hacer en mis ratos libres: _____

Mi sueño dorado (*golden*): _____

Mis músicos favoritos: _____

Mis películas favoritas: _____

Comida y bebida que prefiero: _____

Lo que más me molesta: _____

Si pudiera veranear (*take a summer vacation*) en cualquier lugar sería: _____

✏ **Paso 2.** Ahora escriba una pequeña autobiografía para que su profesor(a) conozca a Ud. mejor.

_____

_____

_____

_____

_____

_____

_____

_____

Puntos clave: Introducción

PRACTICA DE FORMAS VERBALES

> Antes de empezar esta sección, vea Explicación gramatical en las páginas
> verdes, al final de su libro de texto, para repasar los puntos clave y otros
> puntos gramaticales.

A. Práctica de conjugación. Complete la siguiente tabla con las conjugaciones apropiadas de los verbos indicados.

	presente	pretérito	imperfecto	presente perfecto	futuro/ condicional	presente de subjuntivo	imperfecto de subjuntivo
1. **hacer (yo)**							
2. **ser (nosotros)**							
3. **ir (ella)**							
4. **saber (yo)**							
5. **tener (ellos)**							
6. **poder (tú)**							

B. Traducciones. Traduzca las siguientes oraciones. Recuerde que se colocan los pronombres de complemento directo e indirecto antes del verbo conjugado o después de y conectado con el infinitivo, el gerundio o el mandato afirmativo.

> MODELO: I write it (*f*). → (Yo) La escribo.
>
> I'm writing it. → La estoy escribiendo. / Estoy escribiéndola.
>
> Write it (**tú**). → Escríbela.
>
> Don't write it (**Uds.**). → No la escriban.

1. I write to her. _____

2. I am writing to her. _____

3. I wrote to her. _____

4. I used to write to her. _____

5. I have written to her. _____

6. I will write to her. _____

7. I would write to her. _____

8. She wants me to write to her.

   _____

9. She wanted me to write to her.

   _____

10. Write to her (**tú**). _____

11. Don't write to her (**Uds.**). _____

12. Let's write to her. _____

LOS PUNTOS CLAVE

A. Descripción. Complete la siguiente narración con la forma apropiada de **ser** o **estar** en cada espacio en blanco.

El café Ruta Maya _____[1] localizado en el

distrito teatral de Austin, Texas. _____[2] un

lugar fascinante porque la clientela _____[3]

diversa e interesante. La dueña, Marisol, _____[4]

de Cuba. Por eso, trata de crear un ambiente hispano con su

café estilo cubano, sus empanadas y licuados y su muralla

estilo azteca. Hoy Marisol y su marido _____[5]

preparando una recepción que _____[6] en Ruta

Maya esta noche. _____[7] las 3:00 de la tarde y los invitados llegarán en cuatro horas.

Los dos _____[8] muy ocupados con las preparaciones. Pero _____[9]

tranquilos porque saben que Javier va a _____[10] allí dentro de poco para ayudarlos.

B. Comparación. Complete las siguientes comparaciones con las palabras más apropiadas según lo que Ud. sabe de Sergio y Diego.

Aunque Sergio y Diego son primos, son muy diferentes.

Físicamente, Sergio es _____[1] alto

_____[2] Diego y tiene el pelo _____[3]

corto _____[4] Diego. Sergio es tan trabajador

_____[5] su primo pero Diego pasa

_____[6] tiempo _____[7] Sergio

divirtiéndose. Es que Sergio es _____[8] fiestero[a]

_____[9] Diego, pero antes Diego iba a

_____[10] fiestas _____[11] su primo —a los dos les encantaba ir a fiestas

cada fin de semana. Ahora Diego pasa más _____[12] doce horas diarias en su tienda

«Tesoros». ¡Qué lástima!

[a]*party-going*

C. Reacciones y recomendaciones. Complete esta descripción de Diego con la forma apropiada del presente de indicativo o subjuntivo de cada verbo entre paréntesis.

Aunque es fantástico que la tienda de Diego _____[1] (haber) tenido

mucho éxito, sus amigos no creen que Diego _____[2] (deber) trabajar

tanto. No les gusta que Diego _____[3] (participar) menos en las

actividades divertidas que ellos planean. Laura y Sara están seguras de que

_____[4] (poder) convencer a Diego de que _____[5]

(buscar) a alguien para ayudarlo con la gran cantidad de trabajo que tiene cada

semana. Su ex novia, Cristina, duda que Diego _____[6] (cambiar).

Pero sus amigos creen que es importante que ellos _____[7] (hacer)

un gran esfuerzo para encontrar una manera de recuperar al amigo que antes se

divertía tanto con ellos.

D. Narración en el pasado. Complete la siguiente descripción de Javier y su hermano gemelo con la forma apropiada del pretérito o imperfecto de cada verbo entre paréntesis.

Cuando Javier _____[1] (ser) niño, siempre le _____[2]

(gustar) charlar con todo el mundo. Su hermano gemelo, en cambio,

_____[3] (tener) una personalidad más introvertida. Todos los jueves

por la tarde los amigos de su padre _____[4] (ir) a casa para jugar a

las cartas. Un día cuando los gemelos _____[5] (tener) catorce años, su

padre los _____[6] (invitar) a jugar con sus amigos. Javier

_____⁷ (estar) encantado pero Jacobo no _____⁸ (querer) jugar. Pero por fin Javier lo _____⁹ (convencer) a jugar. El resultado no _____¹⁰ (ser) lo que Javier _____¹¹ (esperar). Su hermano _____¹² (ganar) y desde entonces Jacobo _____¹³ (empezar) a ser tan extrovertido como él. Y, en realidad, desde ese punto en su vida los dos _____¹⁴ (hacer) mucho más juntos.

E. Hablar de los gustos. Escriba el pronombre de complemento indirecto apropiado en cada espacio en blanco y subraye (*underline*) el verbo apropiado entre paréntesis.

Desde joven a Laura _____¹ (gustaba / gustaban) bailar y cantar. Es que a sus padres _____² (encantaba / encantaban) el ballet y por eso siempre llevaban a sus hijos a ver el ballet y también la danza moderna. A los cuatro años, Laura empezó a tomar clases de ballet y continuó bailando hasta que tenía dieciocho años. Pero cuando empezó a asistir a la universidad, no tenía suficiente tiempo para dedicarse al ballet. _____³ (importaba / importaban) más las fiestas y los estudios. Al principio, a sus padres _____⁴ (molestó / molestaron) el hecho de que dejara sus clases de ballet. Pero sabían que Laura no iba a perder su amor por el ballet y la danza. De hecho,ᵃ ha aprendido a bailar salsa, merengue, cumbia y rumba.ᵇ _____⁵ (gusta / gustan) bailar tanto que ha entrado con Javier en competiciones de baile latino. Ahora a los dos _____⁶ (fascina / fascinan) el tango —_____⁷ (encanta / encantan) los pasosᶜ complicados que están aprendiendo. Aunque a Manuel, el novio ecuatoriano de Laura, _____⁸ (molestaría / molestarían) saber que Laura pasa tanto tiempo bailando con Javier, a Laura _____⁹ (da / dan) igualᵈ lo que piensa Manuel. Es que _____¹⁰ (encanta / encantan) bailar y no puede esperar hasta que vuelva al Ecuador para bailar otra vez. A nosotros _____¹¹ (gustaría / gustarían) ver a Laura y Javier bailar el tango juntos algún día.

ᵃDe... *As a matter of fact*   ᵇsalsa... bailes latinoamericanos   ᶜ*dance steps*   ᵈ¿ ?... *it's all the same to her*

F. Hacer hipótesis. Complete cada oración con la forma apropiada del condicional o del imperfecto de subjuntivo.

Cuando Sara termine el máster, tiene que tomar unas decisiones muy importantes. A los padres de Sara no les gusta que ella esté tan lejos de casa. Pero Sara tiene sus sueños. Si _____¹ (poder) conseguir un puesto en una universidad norteamericana, _____² (ganar) suficiente dinero para visitar a sus padres una o dos veces al año. Si la universidad _____³ (tener) un programa en España de estudios en el extranjero, Sara _____⁴ (tratar) de ser la profesora que _____⁵ (acompañar) a los estudiantes allí. Si _____⁶ (ser) la directora de un programa de verano en

España, la universidad le _____⁷ (pagar) su avión[a] y un salario también. De esta

manera _____⁸ (poder) ver a sus padres y no gastar tanto dinero. ¡Eso

_____⁹ (ser) ideal!

[a]*airfare*

G. Hablar del futuro.   Complete la siguiente descripción de los planes de Sergio con la forma apropiada del futuro o del presente de subjuntivo de cada verbo entre paréntesis.

En diciembre Sergio _____¹ (ir) a Los Angeles para trabajar con

Dr. Loco and His Rockin' Jalapeño Band. Cuando Sergio _____²

(llegar) a Los Angeles, _____³ (tener) una entrevista con Dr. Loco,

y después _____⁴ (asistir) a su concierto en UCLA. Cuando

_____⁵ (volver) a Austin, _____⁶ (empezar) las

preparaciones para el festival de Cinco de Mayo. Sergio _____⁷

(estar) muy ocupado hasta junio, fecha en que por fin _____⁸ (tomar)

unas vacaciones.

✳ Prueba diagnóstica

A. Opciones múltiples.   Complete cada una de las siguientes oraciones con la letra de la opción más apropiada.

1. El año pasado Diego _____ en Acapulco con su familia durante las Navidades.

   a. era   b. estaba   c. estuvo

2. El apartamento de Sara y Laura es más grande _____ el de Javier.

   a. de   b. como   c. que

3. A Sara y a Laura _____ gustan _____.

   a. les / los dulces   b. les / su apartamento   c. le / los músicos latinos

4. Si Sergio _____ más dinero, pasaría más tiempo en Los Angeles.

   a. tiene   b. tuviera   c. tendría

5. Sara espera que su hermana Yolanda _____ a los Estados Unidos a visitarla.

   a. venga   b. vendrá   c. viene

6. Laura _____ la película *Mi familia* tres veces.

   a. vea   b. vio   c. veía

7. Javier no _____ tantas horas en Ruta Maya si recibiera más encargos (*assignments*) de periódicos.

   a. trabajó   b. trabajaría   c. trabajara

8. Cuando el hermano de Javier _____ a Austin, irá directamente a Ruta Maya.

   a. llegue   b. llega   c. llegará

9. «Tesoros», la tienda de Diego, tiene más _____ 25.000 artículos latinoamericanos.

   a. de   b. que   c. como

10. Es necesario que Sara _____ su tesis este semestre.

    a. termina   b. terminará   c. termine

B. Descripción. Complete cada una de las siguientes oraciones con la forma más apropiada de las palabras entre paréntesis. Cuando **ser** y **estar** aparezcan juntos, escoja el verbo apropiado y conjúguelo en el presente de indicativo.

1. La casa donde viven los padres de Diego es _____ (espacioso).

2. _____ (Los / Las) canciones que tocan en Ruta Maya son _____ (ecléctico).

3. Esta noche el concierto de Tish Hinojosa _____ (ser / estar) en Liberty Lunch, que _____ (ser / estar) en la calle 4.

4. La familia de Javier es _____ (cansada / de Puerto Rico / en San Juan).

5. Los padres de Sergio están _____ (ricos / de Dallas / preocupados).

C. Los padres de Diego. Complete el siguiente párrafo con la forma apropiada de los verbos entre paréntesis. Debe escoger entre **ser** y **estar** cuando aparezcan juntos.

El próximo mes de diciembre, los padres de Diego _____[1] (ir) a ir a California para

pasar las Navidades con la hermana de él. Si Diego pudiera acompañarlos, lo _____[2]

(hacer), pero durante esta temporada[a] siempre _____[3] (ser / estar) muy ocupado con

su trabajo en «Tesoros». Así que Diego espera que sus padres _____[4] (venir) a los

Estados Unidos para las Pascuas[b] porque les _____[5] (gustar) las flores silvestres[c] que

se ven por todas partes durante la primavera.

[a]*season*   [b]*Easter*   [c]*wild*

D. En Salamanca. Complete el siguiente párrafo con el imperfecto de indicativo o el pretérito de cada verbo entre paréntesis. Cuando **ser** y **estar** aparezcan juntos, escoja el verbo apropiado y conjúguelo en el imperfecto de indicativo o en el pretérito.

El verano pasado, cuando Sara _____[1] (ser / estar) de vacaciones en Salamanca,

_____[2] (pasar) cada noche con sus amigos en la Plaza Mayor. Una noche allí

_____[3] (ver) a un amigo de su hermano. Sara _____[4] (sorprenderse)

porque el chico _____[5] (tener) dos grandes tatuajes[a] y _____[6] (llevar)

pendientes.[b] Antes, siempre _____[7] (haber) sido muy conservador.

¡_____[8] (Ser / Estar) un gran choque[c] para ella!

[a]*tattoos*   [b]*earrings*   [c]*shock*

E. Traducción. Traduzca la siguiente oración al español.

Cristina doesn't like that Diego has less than two hours a week to be with her.

_____

_____

PARA EMPEZAR

 PRACTICA ORAL

❖Trabalenguas (*Tongue twisters*).

Lea y escuche las siguientes oraciones. Va a oír las oraciones dos veces. Repita cada una después de oírla la segunda vez.

1. Temo que Tomás Tamiami, el que toca el tambor, no **tenga** talento.

2. Javier juega al ajedrez **mejor que** su hermano gemelo, Jacobo.

3. Cuando Carla pueda, **pedirá** un préstamo, **comprará** un coche y lo **pagará** a plazos.

4. Si los señores Suárez **visitaran** Sintra otra vez, **se quedarían** en el Hotel Sol y Sombra.

5. **A** Diana Domínguez **le disgusta** darles sus datos a los diplomáticos desconocidos.

Situaciones

María Metiche (*Busybody*).   María Metiche es una mujer que va a Ruta Maya para tomar café casi todos los días. A ella le encanta hablar con Javier y le interesa muchísimo saber todo lo que está pasando en la vida de sus amigos. Escuche lo que sabe María Metiche de los cinco amigos. Luego, indique cuál de ellos se describe. (Las respuestas se dan en la cinta.)

	SARA	JAVIER	LAURA	DIEGO	SERGIO
1.	☐	☐	☐	☐	☐
2.	☐	☐	☐	☐	☐
3.	☐	☐	☐	☐	☐
4.	☐	☐	☐	☐	☐
5.	☐	☐	☐	☐	☐
6.	☐	☐	☐	☐	☐
7.	☐	☐	☐	☐	☐

Puntos clave

Dictado. Escuche la siguiente serie de oraciones. Va a oír cada oración dos veces. Mientras Ud. escuche la segunda vez, escriba lo que oiga. Luego, identifique cuál de los puntos clave se representa en cada oración. Puede escuchar las oraciones más de una vez, si quiere.

Puntos clave:

D descripción

C comparación

R reacciones y recomendaciones

P narración en el pasado

G hablar de los gustos

H hacer hipótesis

F hablar del futuro

1. _____
_____

2. _____
_____

3. _____
_____

4. _____
_____

5. _____
_____

❖Para escuchar mejor: Más datos personales

ANTES DE ESCUCHAR

Anticipar la información. Va a oír más información sobre la vida de Sara y Diego. Antes de escuchar, piense en lo que ya sabe de estos dos amigos. ¿Cómo piensa que son sus familias? ¿Cómo son las ciudades donde vivían antes de mudarse a los Estados Unidos? Apunte dos o tres ideas sobre cada uno.

Sara

_____
_____
_____

Diego

_____
_____
_____

¡A ESCUCHAR!

A. ¡Apúntelo!

Paso 1. Ahora escuche la narración de Sara, tomando apuntes mientras escuche.

de dónde es	
la familia de Sara	
Salamanca	
otros apuntes	

Paso 2. Ahora escuche la narración de Diego, tomando apuntes mientras escuche.

de dónde es	
la familia de Diego	
Monterrey	
otros apuntes	

B. En resumen. Ahora haga un breve resumen de Sara y otro de Diego, basándose en lo que escuchó y en sus apuntes.

Sara:

_____

_____

_____

_____

_____

_____

Diego:

_____

_____

_____

_____

_____

_____

CAPITULO **1**

✎ PRACTICA ESCRITA

Vocabulario del tema

A. Lo contrario. Escriba la letra de cada adjetivo de la Columna B que corresponde al adjetivo opuesto de la Columna A.

COLUMNA A

1. ____ rizado/a

2. ____ grosero/a

3. ____ tacaño/a

4. ____ testarudo/a

5. ____ deprimente

6. ____ presumido/a

7. ____ cursi

8. ____ bruto/a

9. ____ atrevido/a

10. ____ emocionante

COLUMNA B

a. chistoso/a
b. elegante
c. liso/a
d. aburrido/a
e. tímido/a
f. generoso/a
g. bien educado/a
h. modesto/a
i. flexible
j. listo/a

B. El tío de Laura. Complete la siguiente descripción que Laura hace de su tío Frank. Llene cada espacio en blanco con la forma apropiada de la palabra correspondiente de la lista. **¡OJO!** No se usan todas las palabras.

caer muy bien/mal	educado	ir a la moda	pesado
callado	encantador	llevarse bien	presumido
cicatriz	grosero	parecerse a	raro
despistado			

Mi tío Frank es muy buena gente. Es una persona _____[1]

que _____[2] con todo el mundo porque es muy amable. Y

aunque es un hombre muy culto y rico, no es nada _____:[3]

tiene amigos de todas partes, profesiones y clases sociales. Su único

problema es que es algo _____;[4] siempre se olvida de

hacer cosas. Por ejemplo, mi tío Frank tiene muchas _____[5]

en las manos porque siempre se corta con el cuchillo cuando cocina.

Y nunca _____[6] porque no le importa la ropa en absoluto —¡lleva los mismos

pantalones y las mismas camisas que se compró hace veinte años! Pero lo más importante es que, aunque tiene una apariencia un poco _____,7 Frank me

_____8 y es mi tío favorito.

C. Combinación de oraciones cortas. Combine las dos oraciones con un pronombre relativo.

   MODELO: Ramón tiene tres tatuajes en el brazo. Son muy feos. →
   Los tres tatuajes que Ramón tiene en el brazo son muy feos.

1. Las patillas están de moda. Luke Perry lleva patillas.

   _____

2. Raúl tiene un tío rico. El tío es muy tacaño.

   _____

3. Marta tiene un lunar al lado de la boca. El lunar es como el de Cindy Crawford.

   _____

4. Este profesor es el más presumido que he tenido. El profesor se llama Pablo Pérez.

   _____

5. Los turistas son encantadores. Los turistas vienen de Salamanca.

   _____

6. Lola mira los brazos de Felipe. Los brazos están llenos de tatuajes.

   _____

7. El niño es grosero. El niño está detrás del edificio.

   _____

8. Plácido Domingo canta una canción deprimente. La canción trata de un amor perdido.

   _____

9. Los aretes cuestan mucho dinero. Los aretes están decorados con diamantes.

   _____

10. La mujer del pelo liso es la dueña de Ruta Maya. La mujer está sentada en la mesa.

   _____

❖**D. Mis nuevos amigos**

DESCRIBIR
Ⓓ **Paso 1.** Imagínese que Ud. está conversando con un compañero / una compañera sobre los nuevos amigos que acaba de conocer. Haga una descripción de los cinco amigos. Incluya tanto sus características físicas como personales, y use el vocabulario que Ud. aprendió en este capítulo.

1. Javier _____

   _____

   _____

2. Sergio _____

   _____

   _____

3. Sara _____

_____

_____

4. Laura _____

_____

_____

5. Diego _____

_____

_____

C **Paso 2.** Ahora escriba comparaciones entre los cinco, usando el vocabulario nuevo y las indicaciones a continuación.

1. Laura / Diego _____

_____

_____

2. Sara / Javier / Laura _____

_____

_____

3. Diego / Sara / Sergio _____

_____

_____

4. Sergio / Javier _____

_____

_____

E. Exprésto.   Complete las siguientes oraciones con expresiones de la lista a continuación. Use el presente de indicativo de los verbos.

hablar por los codos	ser buena/mala gente	tener buena/mala pinta
no tener pelos en la lengua	ser un(a) caradura	tomarse a pecho

1. Las facturas (*bills*) de teléfono de Javier son altísimas porque llama mucho a Puerto Rico y

_____.

2. César, un amigo colombiano de Sergio, siempre invita a Sergio a comer, pero despúes dice que

«se olvida» de su billetera (*wallet*). Sergio cree que su amigo _____.

3. Ignacio, un amigo de Diego, tiene muchos tatuajes y aretes por todo el cuerpo. La madre de

Diego piensa que Ignacio _____

_____.

4. Después de las vacaciones, Sara le dijo a Laura que esta parecía más gorda. Laura le dijo a Diego que Sara _____ . El la tranquilizó y le preguntó por qué _____ los comentarios de Sara.

5. La jefa de Javier parece muy despistada y exigente pero Javier le tiene mucho respeto porque sabe que en el fondo _____ .

Puntos clave

PRACTICA DE FORMAS VERBALES

> Antes de empezar esta sección, vea Explicación gramatical en las páginas verdes, al final de su libro de texto, para repasar los puntos clave y otros puntos gramaticales.

A. Práctica de conjugación. Complete la siguiente tabla con las conjugaciones apropiadas de los verbos indicados.

	presente	pretérito	imperfecto	presente perfecto	futuro/ condicional	presente de subjuntivo	imperfecto de subjuntivo
1. **caer (yo)**							
2. **estar (nosotros)**							
3. **llevarse (ella)**							
4. **parecerse* (yo)**							
5. **suavizar (ellos)**							
6. **tomar (Ud.)**							

---

*La forma del pretérito del verbo **parecerse** no se utiliza en español.

B. Traducciones. Traduzca las siguientes oraciones. Recuerde que se colocan los pronombres de complemento directo e indirecto antes del verbo conjugado o después de y conectado con el infinitivo, el gerundio o el mandato afirmativo.

> MODELO: I write it (*f*). → (Yo) La escribo.
>
> I'm writing it. → La estoy escribiendo. / Estoy escribiéndola.
>
> Write it (**tú**). → Escríbela.
>
> Don't write it (**Uds.**). → No la escriban.

1. She rejects them (*m.*). _____

2. She is rejecting them. _____

3. She rejected them. _____

4. She used to reject them. _____

5. She has rejected them. _____

6. She will reject them. _____

7. She would reject them. _____

8. I want her to reject them. _____

9. I wanted her to reject them. _____

10. Reject them (**tú**). _____

11. Don't reject them (**Uds.**). _____

12. Let's reject them. _____

LOS PUNTOS CLAVE PRINCIPALES: DESCRIPCION Y COMPARACION Ⓓ Ⓒ

Ⓓ Descripción

A. La última noche en Madrid. Durante una visita a España con su amiga Sara, Laura escribe una tarjeta postal a su mejor amiga del Ecuador. Complete su tarjeta con la forma apropiada de **ser** o **estar** en cada espacio en blanco.

Querida Isabel:

Aquí _____[1] (yo) en un hotel en Madrid. _____[2] las 11:00 de la noche y _____[3] cansada.

Madrid no _____[4] como Salamanca, pero las dos ciudades _____[5] muy bonitas. Ayer conocí

a Héctor, el hermano de Sara, que vive aquí en la capital. El _____[6] músico y tiene un taller[a] de

guitarras que _____[7] en el centro de la ciudad. La música _____[8] muy importante en España

así que yo _____[9] contenta porque a mí me encanta escuchar ritmos diferentes. Mañana salgo de

regreso para los Estados Unidos; mi reservación de avión _____[10] para las 7:00 de la mañana.

_____[11] muy nerviosa, pues no me queda mucho tiempo y todavía no he hecho las maletas...

Va a _____[12] difícil regresar a la universidad. Bueno, sé que (tú) _____[13] muy ocupada

con tus estudios también, pero así _____[14] la vida de todos los estudiantes... Cuídate mucho.

Abrazos,

Laura

[a]*workshop*

B. Noticias culturales. Cada jueves Sara se dedica a promocionar en la radio las actividades culturales hispanas que se realizan en la universidad. Complete la siguiente promoción con la forma apropiada de **ser** o **estar**.

Buenas tardes, amigos. Este fin de semana tenemos dos funciones[a] impresionantes que demuestran

la gran variedad y riqueza de la cultura española. Llegan a esta universidad el famoso Paco de Lucía

y el renombrado grupo de baile de José Greco. Sí, parece increíble pero _____[1] cierto. El

concierto de Paco de Lucía _____[2] el próximo viernes, a las 7:00 de la noche y _____[3] en el

Teatro Principal de la escuela de música. Para los que no lo conozcan, Paco de Lucía _____[4] el

mejor guitarrista de flamenco del mundo, en mi modesta opinión. Originalmente _____[5] de

España, pero ahora vive en Nueva York, donde _____[6] realizando una gira[b] por los Estados

Unidos. Nosotros _____[7] muy afortunados de tenerlo aquí.

La presentación del grupo de baile de José Greco _____[8] en el salón de ballet Pavlova, en la

Escuela de Bellas Artes. _____[9] el sábado, a las 8:00 de la noche. El grupo _____[10] dirigido

por José Greco, el famoso bailarín de música folclórica española. El dice que _____[11] de Grecia,

pero los españoles dicen que, por el espíritu con que baila, tiene que _____[12] de España. Va a

_____[13] una presentación increíble y sugiero que no se la pierdan. Yo, desde luego,[c] pienso

_____[14] allí.

[a]*performances*   [b]*tour*   [c]desde... *of course*

C. La concordancia de los adjetivos. Sustituya las palabras subrayadas por las que están entre paréntesis y haga todos los cambios necesarios.

1. Los <u>cuentos</u> de Julio son muy chistosos. (canciones)

   _____

2. Muchos <u>programas</u> son demasiado violentos. (películas)

   _____

3. El <u>pelo</u> largo es muy atractivo. (patillas)

   _____

4. Los <u>pendientes</u> que lleva Sara son elegantísimos. (vestido)

   _____

5. La <u>vaca</u> del rancho de mi abuelo es muy vieja. (perros)

   _____

6. <u>Marco</u> es más culto que Leonardo. (Julia y Susana)

   _____

7. Las <u>chicas</u> de Madrid son más serias que las de Sevilla. (chicos)

   _____

8. Tengo otro <u>problema</u> dificilísimo. (situación)

_____

D. Paloma Picasso. Complete la siguiente narración con la forma apropiada de cada adjetivo entre paréntesis.

Paloma Picasso, la hija del famoso pintor _____[1] (español) Pablo Picasso, nació en

Francia, pero pasó parte de sus años _____[2] (juvenil) en España y se considera una

diseñadora[a] _____[3] (hispano). La joyería[b] que diseña en exclusiva para la casa

Tiffany es _____[4] (clásico) pero _____[5] (único) a la vez.[c] Los

pendientes con el diseño XX son _____[6] (conocido) como su marca de fábrica.[d] Los

intereses creativos de Paloma son muy _____[7] (variado) e incluyen la porcelana fina,

la cristalería y los azulejos[e] que crea para Villeroy y Boch, y los perfumes y cosméticos que hace para

Cosmair. Sus creaciones son muy _____[8] (ecléctico). Como se ve, la inclinación

_____[9] (artístico) _____[10] (heredado) de su padre es muy

_____[11] (pronunciado) también en Paloma.

[a]*designer*   [b]*jewelry*   [c]*a... at the same time*   [d] marca... *trademark*   [e]*tiles*

E. La hija mayor del Rey Juan Carlos ya se casó. Complete el siguiente párrafo con la forma apropiada de los adjetivos derivados de los participios pasados de los verbos entre paréntesis.

La boda de la Infanta[a] Elena y Jamie de Marichalar fue uno de los momentos más

_____[1] (esperar) por la sociedad española en 1995. La pareja real se casó en la

famosa Catedral de Sevilla. Las calles estaban _____[2] (inundar) de españoles que

querían ver a su princesa y la boda real. Por fin llegó la novia con su corte; la infanta estaba

_____[3] (vestir) con un elegante vestido de seda blanca e iba _____[4]

(acompañar) de su padre, el Rey Juan Carlos. Aunque en la catedral estaba _____[5]

(sentar) toda la gente importante, los españoles podían ver parte de la ceremonia desde la calle,

porque la puerta estaba _____[6] (abrir). Cuando los recién casados salieron, los

españoles aplaudieron _____[7] (emocionar) al ver a su _____[8] (adorar)

princesa el día de su boda.

[a]*Princess*

❖**F. Un personaje fascinante**

Paso 1. Lea la descripción del papel televisivo que representa Ana, una amiga de Javier.

Ana Mari Quesada es cubana y llegó recientemente a los Estados Unidos. Ella es una amiga de Javier que trabaja en el mundo televisivo. Aparece de vez en cuando en una telenovela venezolana. Su papel actual es el de una escritora muy inteligente pero super despistada y algo presumida. Tiene 55 años pero se viste como una joven de 20, muy a la moda; tiene el pelo teñido de un rojo intenso, cinco aretes en cada oreja, habla por los codos y fuma como una chimenea. Javier dice que, en realidad, Ana Mari es una mujer bastante conservadora.

Paso 2. Ahora escriba un párrafo de cincuenta a setenta y cinco palabras que describa a una persona interesante que Ud. conozca. Incluya características físicas y personales en su descripción.

_____

_____

_____

_____

_____

_____

_____

_____

_____

C Comparación

❖**A. Lugares distintos.** Escriba dos oraciones comparativas para cada par de lugares a continuación. Una de las oraciones debe ser una comparación de igualdad y la otra de desigualdad. Use conectores o palabras de transición cuando sea posible. (Si Ud. no sabe cómo son los lugares a continuación, ¡adivine [*guess*]!)

> MODELO: el café Ruta Maya / su lugar favorito para charlar con los amigos →
> El café Ruta Maya es tan cómodo como la unión estudiantil, mi lugar favorito para charlar con los amigos. Sin embargo, la unión estudiantil es mucho más ruidosa (*noisy*) que Ruta Maya.

1. el café Ruta Maya / su lugar favorito para charlar con los amigos

   _____

   _____

2. Madrid / su ciudad universitaria

   _____

   _____

3. Nueva Orleans durante Mardi Gras / Pamplona durante los Sanfermines

   _____

   _____

❖**B. El / La más impresionante de todos.** ¿Qué sabe Ud. de los siguientes lugares, cosas o personas? Escriba dos comparaciones en las que Ud. exprese su opinión sobre los elementos de cada grupo.

> MODELO: (grande) Sevilla / Madrid / Salamanca →
> Sevilla es más grande que Salamanca. Madrid es la ciudad más grande de las tres.

1. (alucinante) pintura de Picasso / pintura de Dalí / pintura de Andy Warhol

   _____

   _____

2. (talentoso) Julio Iglesias / Antonio Banderas / Plácido Domingo

   _____

   _____

3. (emocionante) las Fallas / el día del *Super Bowl* / el Cuatro de julio

_____

_____

4. (testarudo) Javier / Laura / Sara

_____

_____

❖**C. Los chicos de nuestra pandilla.**   Una amiga soltera quiere salir con uno de sus nuevos amigos. Quiere saber cuál de los tres le gustaría más. Para ayudarla, haga seis comparaciones entre los tres chicos a continuación.

MODELO: Sergio pesa menos que Javier pero más que Diego.

	Javier	Sergio	Diego
altura	6'	6'	5' 10"
peso	200	180	170
edad	27	29	32
profesión	mesero / periodista	productor	importador
carácter	alegre	liberal	serio

1. _____

2. _____

3. _____

4. _____

5. _____

6. _____

D. Dos culturas diferentes.   Lea la siguiente carta de Nicolás, un amigo de Sara, en la que le cuenta a su madre cómo es su vida de estudiante en los Estados Unidos. Luego, complete las comparaciones a continuación, según la carta.

Querida mamá:

¡Hola! ¿Cómo estás? Yo estoy bien por aquí pero os echo de menos a todos. Mis estudios van muy bien, aunque son muy duros y casi no tengo tiempo para divertirme. Sólo salgo un ratito los viernes o los sábados por la noche. Aquí no es como en España. Los bares y las discotecas cierran muy temprano. No puedo quedarme bailando hasta las 5:00 de la mañana como en Salamanca. Y claro, echo de menos el tiempo que puedo pasar con la familia cuando estoy ahí.[a] Aquí sólo tengo a mis amigos y ellos siempre están tan ocupados como yo. Por ejemplo, casi nunca como con mi compañero de cuarto y si cenamos juntos, él prefiere ver la televisión en vez de hablar conmigo. Hablando de comida, cuánto me gustaría comer un buen cocido madrileño. Aquí hay buena comida, pero no hay comparación. No te preocupes, lo que dicen por ahí de la comida norteamericana no es verdad. No comen sólo hamburguesas; hay mucha comida saludable aquí también. Y otra cosa interesante es que a los estudiantes les encanta hacer ejercicio, no como a mis amigos de Salamanca, que prefieren tomar un café y charlar. De hecho, yo no he engordado ni un kilo desde que llegué. Bueno, mamá, te mando un abrazo fuerte y saludos a toda la familia.

Besotes[b] de Nicolás

[a]allí   [b]*Big kisses*

1. En los Estados Unidos, los bares y las discotecas cierran _____ (temprano) en Salamanca.

2. En los Estados Unidos, Nicolás se siente _____ (solo) en España.

3. A Nicolás le gusta la comida española _____ la comida norteamericana.

4. A Nicolás la comida norteamericana le parece _____ (saludable) la española.

5. Ahora Nicolás está _____ (delgado) cuando llegó a los Estados Unidos.

6. El compañero de cuarto de Nicolás es _____ (hablador) él.

LOS OTROS PUNTOS CLAVE

❖A. Narración en el pasado

Paso 1. Mire los siguientes dibujos que muestran lo que le pasó a Laura cuando Sara la invitó a la fiesta La Tomatina en Buñol, España. Apunte los verbos que forman «la columna» de la historia y los verbos que describen «la carne».

1.

2.

3.

4.

COLUMNA

_____

_____

_____

_____

CARNE

_____

_____

_____

_____

Paso 2. Con los verbos que apuntó en el Paso 1, escriba una narración de lo que pasó.

_____

_____

_____

_____

_____

_____

_____

_____

B. Reacciones y recomendaciones

Paso 1. Lea el siguente artículo, «Hablas a "mil por hora"... ». Luego, conteste las preguntas a continuación con oraciones completas.

PROBLEMA:

Hablas a "mil por hora"...

"Charlar hasta por los codos surge de la inseguridad", dice Therese Crowley, presentadora de la cadena[1] televisiva CBS News Radio, que es, además, cantante, cuya exuberante voz llama la atención dondequiera que va. La gente que parlotea[2] como si fuera a "romper la barrera del sonido", dice Therese, "teme que nadie la vaya a creer, y atropelladamente,[3] trata de decirlo todo antes de que la interrumpan."

¿Te salen las palabras confusas, cuando corres a contar "la última"? ¡Decelera! ¿Cómo? Pues procura[4] respirar profundo y hablar con voz natural y con autoridad, haciendo énfasis en la esencia de la noticia, y verás que tus oyentes te atenderán aunque no les interese lo que estás diciendo.

[1]*network* [2]habla sin cesar [3]rápidamente [4]intenta

1. Según Therese Crowley, ¿de qué sufren los que hablan por los codos?

   _____

2. ¿Qué consejo ofrece esta presentadora?

   _____

❖**Paso 2.** Ahora déles consejos a las siguientes personas. Puede usar algunos de los verbos y expresiones de la siguiente lista.

       recomendar (ie), sugerir (ie, i); es importante que, es necesario que

1. Miguel siempre mete la pata.

    _____

    _____

2. Lola se lo toma todo a pecho.

    _____

    _____

3. Federico tiene mucho miedo de hablar en público.

    _____

    _____

4. El hijo de Paquita sale con una chica que tiene mala pinta.

    _____

    _____

C. Hablar de los gustos. Escriba oraciones completas según las indicaciones.

1. María / encantar / el tatuaje de su novio

    _____

2. yo / fascinar / los profesores despistados

    _____

3. la gente famosa / no gustar / las arrugas

    _____

4. mis padres / interesar / los estudios sobre la Generación X

    _____

❖**D. Hablar del futuro.** Escriba tres oraciones para explicar qué cosas cambiará Héctor de su aspecto antes de su entrevista con IBM. Use el tiempo futuro en tus oraciones.

    MODELO: Héctor se cortará el pelo.

1. _____

2. _____

3. _____

❖**E. Hacer hipótesis.** Complete las siguientes oraciones para explicar lo que haría Ud. en cada situación.

1. Si mi hijo se hiciera muchos tatuajes en el cuerpo, (yo) _____

    _____

2. Si fuera calvo/a, _____

3. Si viera a una persona con mala pinta en la calle por la noche, _____

y _____

4. Si no me llevara bien con mi compañero/a de cuarto, _____

_____ porque _____

5. Si alguien me invitara a ver una película deprimente, _____

F. **Traducción.** Traduzca las siguientes oraciones al español.

1. It's good that Sara works at the radio station since she likes talking to people.

_____

_____

2. When he was young Diego was stingy, but now he spends more than $2,000 a year buying clothes.

_____

_____

❖Portafolio de lecturas (Optativo)

En cada capítulo de este Manual Ud. va a encontrar un formulario del Portafolio de lecturas como el que tiene a continuación. Antes de seguir, escoja un país hispano que Ud. quiere investigar este semestre. Para cada capítulo Ud. va a buscar y leer un artículo sobre el país que escogió. Luego, va a completar el formulario con información bibliográfica, un resumen del artículo, tres palabras nuevas y dos reacciones sobre el contenido del artículo. Al final, Ud. va a evaluar el artículo: desde diez puntos si le gustó mucho hasta cero puntos si no le gustó en absoluto.

País escogido: _____

Temas posibles: la política, las artes, el cine, la televisión, las ciencias, la medicina, las computadoras, la belleza, los viajes, la cocina, los deportes, la ecología, ¿ ?

Aquí hay una lista de revistas extranjeras que puede encontrar a través del Internet o en las bibliotecas de su universidad.

- *Somos; Noticias; Cambio 16; Caretas* (más o menos como *Newsweek*)
- *Time* y *Newsweek* en español
- *Paula; Vanidades* (como *Cosmopolitan*)
- *Miami mensual* (bilingüe)
- *Cromos* (semejante a *Time*)
- *Hola; Gente* (revistas sobre las vidas de personajes ricos y famosos)
- *Américas* (cultura contemporánea, nivel lingüístico más avanzado)
- *Quo* (temas contemporáneos de interés)
- *Muy interesante; GeoMundo* (semejantes a *National Geographic*)

Busque y lea un artículo sobre el país que escogió. Luego, complete el siguiente formulario sobre el artículo.

Nombre e información bibliográfica del artículo:

título _____

revista _____ número _____ fecha _____ páginas _____

Resumen del artículo:

_____

_____

_____

_____

_____

_____

_____

_____

Vocabulario nuevo y su significado en el contexto del artículo:

_____   _____

_____   _____

_____   _____

¿Cuáles son sus reacciones? Puede usar las siguientes frases, si quiere.

> Es interesante / increíble / ridículo / evidente que... por lo tanto
> (No) Creo que... porque
> (No) Me gusta que... sin embargo
> a menos que

_____

_____

_____

Evaluación del artículo: 1   2   3   4   5   6   7   8   9   10

❖ ¡A escribir! (Optativo)

Una reseña. Mire una película que trate de una persona o de un personaje del mundo hispano. Escriba una reseña de esa obra que incluya por lo menos tres de los siguientes puntos.

   Describa a un personaje interesante de la película.

   Compare a dos o más personajes de la película.

R   ¿Cómo reaccionó Ud. y qué le recomienda al director?

P ¿Qué pasó en una escena clave?

G ¿Qué le gustó y qué le molestó de la película o de algún personaje?

F **G** ¿Cómo se recibirá esa película en su comunidad? ¿Cuáles son las partes que les gustarán y cuáles son las partes que les molestarán a las personas de su comunidad?

H Si Ud. fuera el director / la directora, ¿qué cambiaría de la película?

Debe usar los conectores apropiados para darle la coherencia necesaria al artículo. A continuación hay algunas sugerencias de películas:

Carmen, Dalí, Evita, El mariachi, Mi familia, Surviving Picasso, Zorro

_____

_____

_____

_____

_____

_____

_____

_____

_____

_____

PRACTICA ORAL

❖Trabalenguas

Lea y escuche las siguientes oraciones. Va a oír las oraciones dos veces. Repita cada una después de oírla la segunda vez.

1. Diana Dorada es **más divertida** y **menos despistada que** su hermano Donaldo.

2. Sebastián Salgado siempre sugiere que los estudiantes más sobresalientes **se sienten** en las sillas de atrás.

3. Pablo Prieto y Paula Palenque **pasaron** parte del semestre en Puerto Rico con el profesor Paco Prados Palacios.

4. **A** Gustavo no **le gustan** los gatos glotones de Gloria.

5. Si **fuera** Federico, **formaría** una federación para fortalecer las fuerzas armadas.

Situaciones

A. María Metiche.   María Metiche siempre habla con todo el mundo sobre lo que pasa con Javier y sus amigos en Ruta Maya. Escuche lo que dice María de lo que oyó ayer mientras tomaba café. Luego, escriba por lo menos cuatro oraciones para explicar cómo se conocieron los cinco amigos. María va a usar el pretérito para marcar el avance de la acción y el imperfecto para hacer descripciones de fondo.

_____

_____

_____

_____

_____

_____

_____

_____

B. Vocabulario del tema. ¿Cómo respondería Ud.? Escuche cada oración y escriba la letra de la respuesta más apropiada en el espacio en blanco correspondiente. (Las respuestas se dan en la cinta.)

1. _____   a. Tiene buena pinta.   b. Tiene mucha cara.   c. Es buena gente.

2. _____   a. ¡Qué pesado es!   b. No tiene pelos en la lengua.   c. Me llevo bien con él.

3. _____   a. ¡Qué tacaño!   b. ¡Qué caradura!   c. Por eso.

4. _____   a. No, me cae muy mal.   b. Sí, lleva patillas.   c. Sí, me molesta mucho.

5. _____   a. Canta muy bien.   b. Es muy tímido.   c. Habla por los codos.

Puntos clave

D A. Sergio y Sara. Escuche cada oración sobre las primeras impresiones que Sergio y Sara le causaron a María Metiche. Luego, escriba el nombre de la persona descrita (Sergio o Sara) e indique si Ud. está de acuerdo (Sí) o no (No) con la descripción.

1. _____

2. _____

3. _____

4. _____

5. _____

B. Dictado. Escuche la siguiente serie de oraciones. Va a oír cada oración dos veces. Mientras Ud. escuche la segunda vez, escriba lo que oiga. Luego, identifique cuál de los puntos clave se representa en la oración. Puede escuchar las oraciones más de una vez, si quiere.

Puntos clave:

D descripción

C comparación

R reacciones y recomendaciones

P narración en el pasado

G hablar de los gustos

H hacer hipótesis

F hablar del futuro

1. _____

_____

2. _____

_____

3. _____

_____

4. _____

_____

5. _____

_____

Para escuchar mejor: Los gitanos (*gypsies*) de España

ANTES DE ESCUCHAR

❖**A. Anticipar la información.** Ud. va a escuchar parte de una conferencia sobre los gitanos en España. Antes de escuchar, piense en todo lo que Ud. sepa o haya oído sobre los gitanos e indique si está de acuerdo (Sí) o no (No) con las siguientes afirmaciones.

1. _____ Ya no existen gitanos en el mundo moderno.

2. _____ Casi todos los gitanos modernos, como los gitanos de antes, son nómadas.

3. _____ La mayoría de los gitanos vive en las ciudades.

4. _____ Hay muchos prejuicios en contra de los gitanos.

5. _____ En su mayoría, los gitanos son pobres y no tienen educación formal.

6. _____ Los gitanos de España hablan sólo español.

7. _____ La música de los gitanos es la base del flamenco.

B. Vocabulario en contexto. Escuche las siguientes tres oraciones tomadas de la conferencia. Después de oír cada una dos veces, escriba el número que oiga en la oración.

1. _____   2. _____   3. _____

¡A ESCUCHAR!

A. Comprensión. Ahora escuche la conferencia sobre los gitanos. Luego, indique si las siguientes oraciones son ciertas (C) o falsas (F), según lo que Ud. oyó en la conferencia.

1. _____ Ya no existen gitanos en el mundo moderno.

2. _____ Casi todos los gitanos modernos, como los gitanos de antes, son nómadas.

3. _____ La mayoría de los gitanos vive en las ciudades.

4. _____ Hay muchos prejuicios en contra de los gitanos.

5. _____ En su mayoría, los gitanos son pobres y no tienen educación formal.

6. _____ Los gitanos de España hablan sólo español.

7. _____ La música de los gitanos es la base del flamenco.

❖**B. ¡Apúntelo!**

Paso 1. Ahora rebobine (*rewind*) la cinta y vuelva a escuchar la conferencia. Tome apuntes sobre lo que oiga, usando la siguiente tabla como guía.

Los gitanos de España

cuándo llegaron	
dónde viven	
tipos de prejuicio que sufren	
aspectos característicos de su cultura	
contribución a la cultura española	

Paso 2. Ahora haga un breve resumen del contenido de la conferencia, usando sus apuntes como guía.

_____

_____

_____

_____

_____

_____

_____

_____

CAPITULO **2**

✒ PRACTICA ESCRITA

Vocabulario del tema

A. Lo contrario. Escriba la letra de cada palabra de la Columna B que corresponde a la palabra opuesto de la Columna A.

COLUMNA A

1. _____ apoyar
2. _____ la juventud
3. _____ alabar
4. _____ rebelde
5. _____ mudarse
6. _____ esconder
7. _____ antepasados
8. _____ orgulloso/a
9. _____ travieso/a
10. _____ molesto/a

COLUMNA B

a. regañar
b. quedarse (*to stay*)
c. decepcionado/a
d. descendientes
e. sumiso/a
f. encontrar
g. rechazar
h. bien educado/a
i. encantador(a)
j. la vejez

B. Mi madrastra. Complete la siguiente narración con la(s) palabra(s) más apropiada(s) entre paréntesis.

No puedo quejarme de mi madrastra porque es una persona muy comprensiva. Aunque yo

_____[1] (comparto / extraño) a mi madre desde que ella _____[2] (se

mudó / escondió) a España, me alegro de que la nueva esposa de mi padre _____[3]

(sea / esté) tan buena gente. Todo el mundo piensa que las madrastras _____[4] (se

comportan / comparten) mal con los hijastros. Sin embargo, mi madrastra siempre me

_____[5] (hace caso / cuenta con) y trata de _____[6] (apoyarme /

regañarme). A ella le importa mucho que vivamos todos en armonía.

C. ¿Cuál no pertenece? Indique la palabra que no pertenece a cada serie de palabras. Luego, escriba una oración para explicar o mostrar por qué.

1. rebelde, travieso, sumiso, molesto

_____

2. alabar, castigar, regañar, quejarse

_____

3. tolerante, comprensiva, mandona, cariñosa

_____

4. hermanastro, medio hermano, hermano, padrastro

_____

❖**D. Asociaciones.** Escriba tres palabras que se asocian con cada una de las siguientes palabras.

1. la benjamina   _____   _____   _____

2. la vejez   _____   _____   _____

3. el padrastro   _____   _____   _____

4. castigar   _____   _____   _____

❖**E. Oraciones compuestas.** Invente una oración sobre cada categoría indicada a continuación, utilizando adjetivos y un conector de la siguiente lista.

> MODELO: la benjamina →
> La benjamina de la familia es egoísta, ya que siempre ha sido muy mimada.

ADJETIVOS:		CONECTORES:
cariñoso/a	mandón(a)	además
egoísta	mimado/a	por eso
entrometido/a	protector(a)	por lo tanto
estable	rebelde	porque
exigente	sano/a	sin embargo
insoportable	unido/a	ya que

1. las familias grandes _____

_____

2. los adolescentes _____

_____

3. los gemelos _____

_____

4. las madrastras _____

_____

❖**F. Consejos.** Lea las siguientes situaciones y escriba un consejo para cada uno con un verbo de la lista a continuación. Use un verbo diferente para cada consejo.

> aconsejar   rogar
> recomendar   sugerir

1. Nuestro hijo es muy travieso, pero los castigos que empleamos no funcionan para hacer que

cambie su comportamiento.

_____

_____

2. Soy maestra en una escuela primaria. Una de las niñas no quiere compartir sus juguetes (*toys*) con nadie. Es muy testaruda.

    _____

    _____

3. Nuestra hija tiene diecisiete años y quiere que le demos más libertad, pero tenemos miedo de las consecuencias de hacerlo.

    _____

    _____

4. La policía nos llamó para decirnos que nuestro hijo estaba en la cárcel (*jail*). Es el benjamín de la familia y nunca antes habíamos tenido problemas con las autoridades.

    _____

    _____

G. Definiciones

Paso 1. Complete cada una de las siguientes oraciones con el pronombre relativo apropiado. Luego, escriba la palabra definida de la lista a continuación.

alabar	la hija adoptiva
el apodo	la madrastra
la brecha generacional	mimada
el gemelo	regañar

cuyo/a/os/as	lo que	que	quien

1. Es _____ hacen los padres cuando están muy orgullosos de sus hijos.

    _____

2. Es la persona _____ está casada con mi padre pero no es mi madre.

    _____

3. Es una persona _____ hermano nació el mismo día que él. _____

4. Es algo _____ causa conflictos entre personas nacidas en distintas épocas.

    _____

5. Es _____ alguien usa en vez de su nombre oficial. _____

6. Es una persona _____ padres no son sus padres biológicos. _____

7. Es _____ hace un padre cuando está enojado con sus hijos. _____

8. Es una palabra _____ describe a una persona _____ padres le dan todo lo que quiere. _____

Paso 2. Escriba una definición para cada una de las siguientes palabras del Vocabulario del tema.

1. el hijo único _____

   _____

2. el benjamín _____

   _____

3. extrañar _____

   _____

4. egoísta _____

   _____

Puntos clave

PRACTICA DE FORMAS VERBALES

Antes de empezar esta sección, vea Explicación gramatical en las páginas verdes, al final de su libro de texto, para repasar los puntos clave y otros puntos gramaticales.

A. Práctica de conjugación. Complete la siguiente tabla con las conjugaciones apropiadas de los verbos indicados.

	presente	pretérito	imperfecto	presente perfecto	futuro/ condicional	presente de subjuntivo	imperfecto de subjuntivo
1. agradecer (yo)							
2. negar (ie) (nosotros)							
3. quejarse (ella)							
4. rogar (ue) (yo)							
5. sugerir (ie, i) (ellos)							
6. compartir (tú)							

B. Traducciones. Traduzca las siguientes oraciones. Recuerde que se colocan los pronombres de complemento directo e indirecto antes del verbo conjugado o después de y conectado con el infinitivo, el gerundio o el mandato afirmativo.

> MODELO: I write it (*f.*). → (Yo) La escribo.
>
> I'm writing it. → La estoy escribiendo. / Estoy escribiéndola.
>
> Write it (**tú**). → Escríbela.
>
> Don't write it (**Uds.**). → No la escriban.

1. They obey him. _____

2. They are obeying him. _____

3. They obeyed him. _____

4. They used to obey him. _____

5. They have obeyed him. _____

6. They will obey him. _____

7. They would obey him. _____

8. It's good that they obey him. _____

9. It was good that they obeyed him. _____

10. Obey him (**tú**). _____

11. Don't obey him (**Uds.**). _____

12. Let's obey him. _____

LOS PUNTOS CLAVE PRINCIPALES: RECOMENDACIONES Y REACCIONES ®

El subjuntivo

A. Los padres. Complete cada oración con la forma apropiada del subjuntivo, indicativo o infinitivo de cada verbo entre paréntesis. Cuando **ser** y **estar** aparezcan juntos, escoja el verbo apropiado y conjúguelo en la forma apropiada.

Javier

1. Sus padres insisten en que él _____ (volver) a Puerto Rico.

2. Es ridículo que él _____ (tener) que cambiar de planes.

3. Es una lástima que su hermano gemelo _____ (mudarse) a Seattle.

4. Es importante que Javier _____ (ser / estar) tranquilo cuando venga su madre.

Laura

5. La madre de Laura no quiere que ella _____ (vivir) en el Ecuador.

6. Es probable que Laura _____ (irse) cuando termine sus estudios.

7. La madre de Laura teme que su hija nunca _____ (regresar) a los Estados Unidos.

8. Es evidente que los padres _____ (querer) que sus hijos no _____

    (ser / estar) muy lejos de casa.

Sergio

9. Los padres de Sergio creen que él _____ (deber) tener mucha libertad.

10. Para Sergio es importante _____ (ser / estar) con su familia.

11. Es interesante que sus padres nunca lo _____ (presionar) para que viva con ellos.

12. Es obvio que ellos _____ (tener) unas relaciones muy abiertas.

B. Una visita

Paso 1. Complete el siguiente párrafo con la forma apropiada del subjuntivo, indicativo o infinitivo de cada verbo entre paréntesis. Cuando **ser** y **estar** aparezcan juntos, escoja el verbo apropiado y conjúguelo en la forma apropiada.

Irene, la prima de Sara, quiere visitarla en el verano. Sara teme que la visita _____[1] (causar) problemas porque la última vez que se vieron, pasaron una semana entera peleándose. Por lo general _____[2] (llevarse) bien pero si _____[3] (ser / estar) juntas demasiado tiempo, puede ser un desastre. Es posible que Laura la _____[4] (ayudar) a entretener a su prima, pero Sara duda que _____[5] (ser / estar) posible complacerla.[a] Javier recomienda que Irene _____[6] (ir) con Sergio a los conciertos durante los fines de semana y que durante la semana _____[7] (pasar) su tiempo libre con él en Ruta Maya. Allí conocerá a mucha gente interesante. A pesar de[b] estas sugerencias, Sara no cree que _____[8] (haber) ninguna posibilidad de que la visita de Irene _____[9] (ser / estar) agradable.

[a]to please her   [b]A... In spite of

❖**Paso 2.** ¿Qué otras actividades recomienda Ud. que Sara planee para su prima? Escriba oraciones completas.

_____

_____

_____

_____

C. Nuevas responsabilidades

Paso 1. Complete el siguiente párrafo con la forma apropiada del subjuntivo, indicativo o infinitivo de cada verbo entre paréntesis. Cuando **ser** y **estar** aparezcan juntos, escoja el verbo apropiado y conjúguelo en la forma apropiada.

Los dueños de Ruta Maya quieren que Javier _____[1] (encargarse) de[a] los entretenimientos[b] que ofrecen en el café cada fin de semana. Prefieren que él _____[2] (contratar) grupos que toquen música latina porque quieren que su clientela _____[3] (conocer) esa música. Además, creen que _____[4] (ser / estar) importante darles una oportunidad a esos músicos. Es conveniente que su amigo Sergio _____[5] (tener)

[a]encargarse... to take charge of   [b]entertainment

muchos contactos con la gente del mundo de la música latina. Es probable que Javier le

_____[6] (pedir) ayuda a su amigo. Ruta Maya no es un lugar muy grande. Por eso es

necesario _____[7] (tener) grupos como Correo Aéreo que no ocupen mucho espacio.

    Recientemente muchos de los restaurantes mexicanos de Austin han contratado conjuntos[c]

que _____[8] (tocar) música entre las 8:00 y las 11:00 de la noche los fines de semana.

Es evidente que este tipo de entretenimiento _____[9] (aumentar[d]) el ambiente[e] de

estos lugares. Sean y Marisol, los dueños de Ruta Maya, saben que es importante que su café

_____[10] (ofrecer) todo lo necesario para hacer que el ambiente _____[11]

(ser) agradable. Además, ellos están contentos de que a Javier le _____[12] (gustar) la

idea de hacerse cargo de[f] esta responsabilidad.

[c]*bands*   [d]*to add to*   [e]*atmosphere*   [f]hacerse... *taking charge of*

❖**Paso 2.** ¿Piensa Ud. que es una buena idea que los cafés tengan música en vivo durante los fines de semana? ¿Por qué sí o por qué no?

_____

_____

_____

❖**D. Expresiones útiles.**   Escriba una reacción o respuesta apropiada para cada situación a continuación. Use las Expresiones útiles de la sección Puntos clave del Capítulo 2 de su libro de texto.

    1.   para alabar

        Su hijo acaba de recibir un premio por la composición que escribió sobre la importancia de la familia.

        madre: _____

        padre: _____

2. para quejarse

La maestra de su hijo les envía una nota a casa cada día para informarlos de su mal comportamiento.

madre: _____

padre: _____

3. para pedir perdón

Uds. castigaron a su hija porque pensaban que había escondido sus notas (*grades*). Pero resulta que (*it turns out that*) llegaron por correo al día siguiente.

madre: _____

padre: _____

4. para enfatizar una respuesta negativa

Su hija de trece años les pide permiso para asistir a una fiesta con unos chicos de dieciocho años.

madre: _____

padre: _____

❖E. La brecha generacional

Paso 1. Complete cada una de las siguientes oraciones sobre varios aspectos de su vida. Primero explique lo que algunas personas desean para Ud. y luego dé su propia opinión y/o reacción.

1. la educación: Mis padres (hijos, abuelos, ...) quieren que yo _____

pero yo quiero _____

porque _____

2. la carrera profesional: Mis padres (hijos, abuelos, ...) sugieren que yo _____

Sin embargo, yo espero _____

ya que _____

3. los novios: A mis padres (hijos, abuelos, ...) no les gusta que _____

pero a mí me gusta _____

puesto que _____

4. mi familia: Mis padres (hijos, abuelos, ...) esperan que yo _____

aunque yo espero _____

Por eso, _____

5. mi tiempo libre: Mis padres (hijos, abuelos, ...) insisten en que yo _____

pero yo prefiero _____

Así que _____

Paso 2. Escriba un párrafo haciendo sugerencias a los padres para que tomen en serio los deseos y la independencia de sus hijos. Explique por qué es importante que lo cumplan.

_____

_____

_____

_____

_____

Los mandatos

A. No sea tan formal. Escriba los siguientes mandatos formales como mandatos informales. Use el pronombre del complemento directo en cada uno de ellos.

> MODELO: Recoja sus libros. → Recógelos.

1. Esconda el dinero. _____

2. Rechace sus consejos. _____

3. Castigue al niño. _____

4. Comparta sus sentimientos. _____

5. Apoye a sus hijos. _____

6. Suavice sus palabras. _____

B. ¡Qué pesado! Escriba la forma negativa de los siguientes mandatos.

> MODELO: Sé un buen ejemplo. → No seas un buen ejemplo.

1. Sé comprensivo. _____

2. Cómprale más regalos. _____

3. Alaba a tus hijos. _____

4. Críalos en el campo. _____

5. Dáles buenos consejos. _____

6. Protege (*Protect*) a los pequeños. _____

C. Suavizar el mandato. Cambie los siguientes mandatos a oraciones con cláusulas dependientes con el subjuntivo. Use los verbos de la lista a continuación en la cláusula independiente. **¡OJO!** Algunos de los mandatos son informales y otros son formales.

> esperar   querer (ie)
> pedir (i)   recomendar (ie)
> preferir (ie)   rogar (ue)

> MODELO: Habla más conmigo. → Te pido que hables más conmigo.

1. Termina tu tarea ahora.

_____

2. Visita a los abuelos.

_____

3. Comparte la pizza con tu hermano.

_____

4. Múdese inmediatamente.

_____

5. No castigue al niño.

_____

6. Llámelos pronto.

_____

7. No se queje.

_____

❖D. **¿Qué hacer?** Complete las siguientes oraciones con mandatos informales. Trate de usar palabras del Vocabulario del tema del Capítulo 2 de su libro de texto.

MODELO: Si tus padres son demasiado estrictos, → diles que deben ser menos protectores.

1. Si quieres llevarte bien con tus hijos,

_____

2. Si quieres mimar a alguien,

_____

3. Si extrañas a un familiar que vive muy lejos,

_____

4. Si tienes un hermanastro insoportable,

_____

5. Si tu hermana habla por los codos,

_____

6. Si tus amigos siempre se quejan de ti,

_____

7. Si quieres ocultarles algo a tus padres,

_____

8. Si quieres vivir en armonía con tus padrastros y hermanastros,

_____

❖E. **¿Qué dirían?** Los parientes reaccionan de distintas maneras a determinadas situaciones. Lea las siguientes descripciones de tres parientes y la forma en que van a reaccionar. Luego, imagínese que ellos son sus parientes y que Ud. les dice cada una de las oraciones a continuación. Escriba una reacción lógica para cada pariente.

- el tío que no tiene pelos en la lengua (mandato)
- la tía comprensiva (sugerencia)
- la madre nerviosa (mandato negativo)

MODELO: Mi hermana es insoportable. → TIO: ¡Qué quejona eres! ¡Ten paciencia!
TIA: Sugiero que le hagas más caso.
MADRE: No se peleen tanto.

1. Necesito dinero para pagar la matrícula.

   TIO: _____

   TIA: _____

   MADRE: _____

2. Me llevo mal con mi compañera de cuarto.

   TIO: _____

   TIA: _____

   MADRE: _____

3. El benjamín de nuestra familia es un niño mimado.

   TIO: _____

   TIA: _____

   MADRE: _____

❖**F. Una hermana rebelde.** Imagínese que su hermana de quince años quiere salir con un chico de 26 a quien acaba de conocer en una tienda. Usando una hoja de papel aparte, escriba un diálogo entre ella y Ud. de por lo menos seis oraciones. Use algunas de las siguientes expresiones.

Es importante que...   No es justo que...
Es obvio que...   No me gusta que...
Es ridículo que...   No puedo creer que...
Estoy seguro de que...   Temo que...

G. El consejero familiar

Paso 1. Lea el siguiente consejo que una hija de inmigrantes hispanos le da a su madre.

ESCUCHE A SUS HIJOS, ELLOS SIEMPRE TIENEN ALGO IMPORTANTE QUE DECIRLE. LAS SUGERENCIAS QUE OFRECEN AQUI ALGUNOS ADOLESCENTES PUEDEN AYUDAR A LOS PADRES

«Si eres de otro país, trata de entender que nosotros estamos creciendo[1] en una nueva cultura, y nuestras reglas[2] son diferentes,» dice Menaka, de 14 años. «En el país de mi madre, las niñas están muy encerradas[3] en casa y no discuten mucho con sus padres. Quiero que ella comprenda que yo crecí en la cultura americana y que tengo la preparación para cuidarme yo sola. Procuro[4] llegar a la hora que se me indica, pero necesito más libertad que la que ella tuvo.»

---

[1]*growing up*   [2]*rules*   [3]*confined*   [4]Trato de

Paso 2. Ahora escriba dos oraciones que diría cada una de las siguientes personas en la situación indicada. Use verbos diferentes y las Expresiones útiles del Capítulo 2 de su libro de texto.

1. Menaka se queja de las exigencias de su madre.

   _____

   _____

   _____

   _____

2. La madre de Menaka se queja del comportamiento de su hija.

   _____

   _____

   _____

   _____

3. Un consejero familiar les hace recomendaciones.

   _____

   _____

   _____

   _____

LOS OTROS PUNTOS CLAVE

A. Descripción. Complete lo que dice Diego de los padres con la forma apropiada de cada palabra entre paréntesis. Cuando **ser** y **estar** aparezcan juntos, escoja el verbo apropiado y conjúguelo en el presente de indicativo.

Los padres de familia han cambiado mucho en los últimos años. Sin embargo, creo que las familias

_____[1] (tradicional) tienen sus ventajas.[a] Los padres _____[2]

(conservador) a menudo _____[3] (ser / estar) _____[4] (exigente), pero

esto no quiere decir que no comprendan a _____[5] (su) hijos. De hecho, una madre

_____[6] (liberal) puede _____[7] (ser / estar) tan _____[8]

(entrometido) como una madre _____[9] (conservador) y una madre

_____[10] (estricto) todavía puede tener relaciones _____[11] (amistoso)

con _____[12] (su) hijos. Es decir, creo que la personalidad del padre o de la madre

determina las relaciones que tiene con _____[13] (su) hijos más que los valores

_____[14] (fundamental) que profesa.

[a]advantages

❖B. Comparación

Paso 1. Haga una comparación entre cada par de personas a continuación. Use una de las palabras entre paréntesis.

> MODELO: un padrastro y un padre biológico (castigar / querer) →
> Los padrastros a veces castigan a sus hijastros más que los padres biológicos. / Un padrastro puede querer a sus hijastros tanto como un padre biológico.

1. una hija biológica y una hija adoptiva (agradecer / obedecer)

    _____

2. el hijo mayor y el benjamín (mimado / mandón)

    _____

3. una abuela y una madre (exigente / cariñoso)

    _____

Paso 2. Escriba dos oraciones con superlativos para comparar cada uno de los siguientes grupos de personas. Use las palabras entre paréntesis para hacer las comparaciones.

> MODELO: Sara / Sergio / Diego (cariñoso / rebelde) →
> Sara es la más cariñosa de todos. Diego es el menos rebelde de todos.

1. la hermana mayor / la hermana del medio / la benjamina (travieso / orgulloso)

    _____

    _____

2. un abuelo / un padre / un hijo (egoísta / conservador)

    _____

    _____

3. Laura / Diego / Javier (rebelde / ingenuo)

    _____

    _____

❖C. Narración en el pasado

Paso 1. Mire los siguientes dibujos que muestran lo que le pasó a Javier cuando tenía siete años. (Acuérdese de que Javier tiene un hermano gemelo, Jacobo.) Apunte los verbos que forman «la columna» de la historia y los que describen «la carne».

> **Palabras útiles:** acusar, llorar (*to cry*), romper (*to break*); el vaso de cristal

1.

2.

3.

4.

COLUMNA

5.

CARNE

_____   _____

_____   _____

_____   _____

_____   _____

Paso 2. Con los verbos que apuntó en el Paso 1, escriba una narración de lo que pasó.

_____

_____

_____

_____

_____

_____

_____

_____

_____

_____

_____

❖D. Hablar de los gustos. Describa los gustos de cada una de las siguientes personas con verbos de la lista a continuación. Use un verbo diferente en cada oración.

MODELO: mis tíos: → A mis tíos les importa reunirse cada año con toda la familia.

caer bien	emocionar	fastidiar	interesar
dar igual	encantar	importar	molestar

1. yo: _____

   _____

2. mis padres/hijos: _____

   _____

3. la madre de Javier: _____

   _____

4. mis hermanos/amigos y yo: _____

_____

5. mi familia: _____

_____

❖E. Hacer hipótesis. Complete las siguientes oraciones según lo que Ud. se imagina que la madre de Javier le dijo cuando lo visitó.

1. Si compartieras tus pensamientos más con tu familia, _____

2. Si _____ ,

yo no te regañaría tanto.

3. Si fueras menos rebelde, _____

4. Si nosotros _____ ,

tendríamos menos problemas de comunicación.

5. Si tu hermano _____ ,

yo estaría muy orgullosa.

6. Si _____ ,

_____

❖F. Hablar del futuro

Paso 1. Escriba un párrafo con por lo menos cinco cosas que Ud. hará o no hará cuando tenga hijos/nietos. Use ejemplos de su propia experiencia para hacer contrastes y comparaciones.

_____

_____

_____

_____

_____

_____

_____

_____

Paso 2. Ahora conteste cada una de las siguientes preguntas con oraciones completas.

1. ¿Cómo se sentirá cuando tenga su primer hijo/a o nieto/a?

_____

_____

2. ¿Cómo reaccionará cuando su hijo/a o nieto/a vaya a la escuela por primera vez?

_____

_____

3. ¿Qué le dirá a su hijo/a o nieto/a cuando tenga algún problema serio o una decisión muy crítica?

_____

_____

G. Traducción.   Traduzca las siguientes oraciones al español.

1. Although he loves having a close-knit family, Javier wants his mother to be less meddlesome.

_____

2. It's not a good idea to give your child a tacky nickname. Don't do it (**Ud.**)!

_____

❖Reciclaje del vocabulario y los puntos clave

Mamá.   Escriba una oración sobre el concepto de la madre para cada punto clave. Puede basarse en la tira cómica del Capítulo 2 de su libro de texto o puede usar sus propias ideas. Use una palabra de la lista en cada oración. Tres de las diez oraciones deben ser preguntas. ¡Sea creativo/a!

bruto/a	ingenuo/a	preocupante
chistoso/a	llevarse bien/mal con	rechazar
darse cuenta de	meter la pata	rizado/a
despistado/a	parecerse a	el rostro

DESCRIBIR
D

1. descripción: _____

_____

COMPARAR
C

2. comparación: _____

_____

REACCIONAR RECOMENDAR
R

3. reacción: _____

_____

REACCIONAR RECOMENDAR
R

4. recomendación: _____

_____

PASADO
P

5. narración en el pasado: _____

_____

GUSTOS
G

6. hablar de los gustos: _____

_____

HIPÓTESIS
H

7. hacer hipótesis: _____

_____

FUTURO
F

8. hablar del futuro: _____

_____

❖Portafolio de lecturas (Optativo)

Busque y lea otro artículo sobre el país que escogió en el Portafolio de lecturas del Capítulo 1. Luego, complete el siguiente formulario sobre el artículo.

Nombre e información bibliográfica del artículo:

título _____

revista _____ número _____ fecha _____ páginas _____

Resumen del artículo:

_____

_____

_____

_____

_____

_____

_____

_____

Vocabulario nuevo y su significado en el contexto del artículo:

_____   _____

_____   _____

_____   _____

¿Cuáles son sus reacciones? Puede usar las siguientes frases, si quiere.

Es interesante / increíble / ridículo / evidente que...	por lo tanto
(No) Creo que...	porque
(No) Me gusta que...	sin embargo
	a menos que

_____

_____

_____

Evaluación del artículo: 1   2   3   4   5   6   7   8   9   10

❖¡A escribir! (Optativo)

Una reseña. Mire una película que trate de familias del mundo hispano. Escriba una reseña de esa obra que incluya por lo menos tres de los siguientes puntos:

DESCRIBIR
Ⓓ   Describa a un personaje interesante de la película.

COMPARAR
Ⓒ   Compare a dos o más personajes de la película.

R ¿Cómo reaccionó Ud. y qué le recomienda al director?

P ¿Qué pasó en una escena clave?

G ¿Qué le gustó y qué le molestó de la película o de algún personaje?

F G ¿Cómo se recibirá esa película en su comunidad? ¿Cuáles son las partes que les gustarán y cuáles son las partes que les molestarán a las personas de su comunidad?

H Si Ud. fuera el director / la directora, ¿qué cambiaría de la película?

Debe usar los conectores apropiados para darle la coherencia necesaria al artículo. A continuación hay algunas sugerencias de películas:

A Walk in the Clouds, American Me, Mi familia, The Pérez Family, Las bicicletas son para verano

_____

_____

_____

_____

_____

_____

_____

_____

_____

_____

_____

Prueba diagnóstica

A. Opciones múltiples. Complete cada una de las siguientes oraciones con la letra de la opción más apropiada.

1. Es importante que Sara _____ este año.

   a. se gradúe   b. se graduará   c. se gradúa

2. Este año el café Ruta Maya ha ganado más dinero _____ el año pasado.

   a. como   b. de   c. que

3. Si yo _____ Sergio, me mudaría a Los Angeles.

   a. soy   b. era   c. fuera

4. Los padres de Laura prefieren que ella no _____ al Ecuador.

   a. se mude   c. se mudará   c. se muda

5. Cuando Sara _____ de su trabajo, tomará un café y empezará a estudiar.

    a. vuelve   b. vuelva   c. volverá

6. Javier _____ muy nervioso durante su entrevista con el jefe de la revista *Lectura*.

    a. estaba   b. era   c. fue

7. Cristina no _____ con otros hombres si Diego le prestara más atención.

    a. saldrá   b. saldría   c. sale

8. A Sergio y a Diego _____ encanta _____.

    a. le / jugar al fútbol   b. les / el fútbol   c. les / los partidos de fútbol

9. Mientras Laura _____ la cena anoche, Manuel la _____ desde el Ecuador.

    a. preparó / llamó   b. preparó / llamaba   c. preparaba / llamó

10. El hermano mayor de Javier gana más _____ 100.000 dólares al año.

    a. que   b. como   c. de

B. Descripción. Complete cada una de las siguientes oraciones con la forma apropiada de la(s) palabra(s) más apropiada(s) entre paréntesis. Cuando **ser** y **estar** aparezcan juntos, escoja el verbo apropiado y conjúguelo en el presente de indicativo.

1. _____ (Los / Las) flores que ponen en las mesas del café son _____

    (bonito).

2. La presentación sobre Agustín Lara _____ (ser / estar) en el auditorio del Centro de Bellas

    Artes, que _____ (ser / estar) al lado del estadio.

3. La tienda «Tesoros» está _____ (bonito / bien organizada / grande).

4. No todos los miembros de la familia de Javier están _____ (rubios / de acuerdo

    con él / maestros).

C. Pilar. Complete el siguiente párrafo con la forma apropiada de los verbos entre paréntesis. Cuando **ser** y **estar** aparezcan juntos, escoja el verbo apropiado y conjúguelo en la forma apropiada.

Hola, Yolanda:

Ayer _____[1] (*yo:* llegar) a Nueva York para pasar dos días con Pilar. Cuando la

_____[2] (ver) en el aeropuerto, no podía creerlo. Ella _____[3] (ser /

estar) tan delgada que casi no la _____[4] (reconocer). Me dijo que _____[5]

(haber, trabajar) muchas horas en los últimos tres meses y que no _____[6] (tener)

tiempo para comer. Es increíble que _____[7] (dedicar) tanto tiempo a su trabajo. No

creo que _____[8] (valer) la pena[a] sufrir de esa manera. Si yo _____[9]

(vivir) en Nueva York, _____[10] (disfrutar) de todas las actividades culturales.

[a]No... *I don't think it's worth it*

_____11 (Ir) a los museos, al teatro, etcétera. Pero Pilar me dijo varias veces que le

_____12 (encantar) el proyecto en el que estaba trabajando. En fin, el caso es que

cuando ella _____13 (volver) a Salamanca para las vacaciones, tú

_____14 (descubrir) a una persona totalmente nueva.

Hasta pronto,

Sara

D. Traducción.   Traduzca la siguiente oración al español.

Sara recommends that Pilar work less than sixty hours a week.

_____

_____

CAPITULO **2**

 PRACTICA ORAL

❖Trabalenguas

Lea y escuche las siguientes oraciones. Va a oír las oraciones dos veces. Repita cada una después de oírla la segunda vez.

1. Quiela quiere que Quico no **se queje** cuando el quiosco cierra a las cinco.

2. Me alegro de que Alicia **apoye** a su hermanastro a pesar de sus ideas tan alucinantes.

3. Es lamentable que Lola López no **limpie** la langosta antes de meterla en la olla.

4. Mi madrastra manda que mi medio hermano **se mude** a Miami este mes.

5. Dudamos que Tomás **tenga** un tatuaje tan terrible como dice su tatarabuela.

6. Ojalá que Orlando nos **ofrezca** otras oportunidades para organizarnos.

Situaciones

A. María Metiche.   Escuche lo que dice María Metiche de la visita de la Sra. de Mercado. Luego, escriba cinco oraciones sobre lo que pasó (pretérito) durante su visita a Austin y tres oraciones sobre lo que sentían Javier y su madre (imperfecto). Recuerde que María va a usar el pretérito para marcar el avance de la acción y el imperfecto para hacer descripciones de fondo.

PRETERITO

1. _____
2. _____
3. _____
4. _____
5. _____

IMPERFECTO

6. _____
7. _____
8. _____

B. Vocabulario del tema. ¿Cómo es? Escuche las siguientes oraciones y luego escriba la forma apropiada del adjetivo que mejor describa a la persona que habla. Va a escuchar las oraciones dos veces. **¡OJO!** No se usan todas las palabras. (Las respuestas se dan en la cinta.)

cursi	estricto	rebelde
despistado	grosero	sumiso
educado	presumido	tacaño
envidioso		

1. _____   5. _____

2. _____   6. _____

3. _____   7. _____

4. _____

Puntos clave

A. La visita de la Sra. de Mercado. Escuche cada oración y luego indique si expresa una situación verdadera o un deseo. (Las respuestas se dan en la cinta.)

	SITUACION VERDADERA	DESEO
1.	☐	☐
2.	☐	☐
3.	☐	☐
4.	☐	☐
5.	☐	☐

B. Dictado. Escuche la siguiente serie de oraciones. Va a oír cada oración dos veces. Mientras Ud. escuche la segunda vez, escriba lo que oiga. Luego, identifique cuál de los puntos clave se representa en cada oración. Puede escuchar las oraciones más de una vez, si quiere.

Puntos clave:

D descripción

C comparación

R reacciones y recomendaciones

P narración en el pasado

G hablar de los gustos

H hacer hipótesis

F hablar del futuro

1. _____

_____

2. _____

_____

3. _____

_____

4. _____

_____

5. _____

_____

Para escuchar mejor: El estatus especial de Puerto Rico

ANTES DE ESCUCHAR

❖**A. Anticipar la información.** Ud. va a escuchar parte de una conferencia sobre la situación político-cultural de Puerto Rico. Antes de escuchar, piense en todo lo que Ud. sepa o haya oído de Puerto Rico e indique si está de acuerdo (Sí) o no (No) con las siguientes afirmaciones.

1. _____ Puerto Rico es un país independiente.

2. _____ La moneda que usan en la Isla es el peso.

3. _____ El idioma oficial de Puerto Rico es el español.

4. _____ Los puertorriqueños no pueden servir en el ejército de los Estados Unidos.

5. _____ Los puertorriqueños no pagan impuestos federales de los Estados Unidos.

B. Preparación: Dictado. Escuche las siguientes tres oraciones tomadas de la conferencia. Mientras escuche la segunda vez, escriba lo que oiga. Puede escuchar las oraciones más de una vez, si quiere.

1. _____

2. _____

3. _____

C. Preparación histórica. Lea esta breve historia sobre la presencia norteamericana en Puerto Rico como preparación para escuchar la conferencia.

En 1898 Puerto Rico pasó a pertenecer a[a] los Estados Unidos, ya que España perdió esa colonia en la Guerra hispanoamericana. En aquel momento, la Isla era bastante pobre, con altos niveles de mortalidad infantil y una gran falta de comida. Durante la primera parte del siglo XX, casi todo en la Isla estaba controlado por los Estados Unidos. El gobernador era norteamericano, estaba prohibido usar la bandera puertorriqueña y el idioma oficial en las escuelas era el inglés. En 1917 se concedió la ciudadanía norteamericana a los puertorriqueños, principalmente porque los Estados Unidos necesitaba más soldados para luchar en la primera Guerra Mundial. En 1952 Puerto Rico se convirtió en Estado Libre Asociado, posición que mantiene hasta hoy en día.

[a]pasó... *became part of*

¡A ESCUCHAR!

A. Comprensión. Ahora, escuche la conferencia sobre la actual situación social, económica y política de Puerto Rico. Luego, conteste las siguientes preguntas según lo que Ud. oyó en la conferencia.

1. ¿Es Puerto Rico un país independiente?

_____

2. ¿Qué tipo de moneda se usa en Puerto Rico?

_____

3. ¿Cuál es el idioma oficial de Puerto Rico?

_____

4. ¿Qué indica la conferencia en cuanto al derecho de los puertorriqueños a servir en el ejército de los Estados Unidos?

_____

5. ¿Necesitan los puertorriqueños una visa especial para trabajar y vivir en los Estados Unidos?

_____

6. ¿Los puertorriqueños prefieren ser independientes o prefieren ser un estado de los Estados Unidos?

_____

❖B. ¡Apúntelo!

Paso 1. Ahora rebobine la cinta y vuelva a escuchar la conferencia. Tome apuntes sobre lo que oiga, usando la siguiente tabla como guía.

Puerto Rico, Estado Libre Asociado

situación política	
opiniones diversas sobre la situación política	1. 2. 3.
situación económica	
situación cultural	

Paso 2. Ahora haga un breve resumen del contenido de la conferencia, usando sus apuntes como guía.

_____

_____

_____

_____

_____

_____

_____

_____

CAPITULO **3**

✎ PRACTICA ESCRITA

Vocabulario del tema

A. **¿Cuál no pertenece?**   Indique la palabra que no pertenece a cada serie de palabras. Luego, escriba una oración para explicar o mostrar por qué.

1. extrañar, regañar, besar, confiar en

   _____

2. maravilloso, dañino, exitoso, genial

   _____

3. discutir, regañar, dejar plantado, abrazar

   _____

4. coquetear, discutir, piropear, besar

   _____

5. apenada, halagada, harta, asqueada

   _____

B. **Vocabulario en contexto.**   Complete cada oración con la forma apropiada de la palabra más apropiada entre paréntesis.

1. Normalmente, cuando una persona mete la pata se siente muy _____

   (asustado / avergonzado).

2. La otra noche cuando Diego _____ (piropear / dejar plantado) a Cristina, ella se

   puso rabiosa.

3. Unas relaciones tempestuosas muchas veces son _____ (dañino / exitoso).

4. Antes de casarse en muchas culturas tradicionales, la pareja pasa por un largo

   _____ (noviazgo / pretendiente).

5. A menudo las personas divorciadas no quieren volver a casarse porque tienen miedo de tener

   otro _____ (éxito / fracaso).

6. El piropo es una manera muy hispana de _____ (coquetear / regañar).

C. ¿Cómo se sienten los cinco amigos hoy?   Complete cada una de las oraciones que describen los siguientes dibujos. Use **está** o **se siente** con un adjetivo de la lista a continuación.

asqueado   avergonzado   confundido
asustado   cansado   enojado

1. Diego _____

    _____ porque esta mañana hizo

    demasiado ejercicio.

2. Laura _____

    _____ porque no entiende el mensaje

    que le dejó Sara.

3. Sara _____

    _____ porque acaba de ver una rata

    en la cocina.

4. Javier _____

    _____ porque ha perdido sus apuntes

    para el artículo que estaba escribiendo.

5. Sergio _____

    _____ porque acaba de encontrar

    una cucaracha en su taco.

6. Sara _____

    _____ porque Laura se comió la

    última galleta.

❖**D. La noche inolvidable.** Conteste las siguientes preguntas sobre la noche inolvidable de Cristina y Diego. Use el pronombre del complemento directo en cada respuesta. Puede volver a leer el diálogo entre Diego y Javier en el Capítulo 3 de su libro de texto, si quiere.

> MODELO: ¿Por qué no han podido mantener su noviazgo? →
> No lo han podido mantener / han podido mantenerlo porque Diego trabaja demasiado.

1. ¿Por qué extraña Diego a Cristina?

   _____

2. ¿Qué pasó cuando Diego vio a Cristina en Calle Ocho?

   _____

3. ¿Por qué hay riesgos, según Javier?

   _____

4. ¿Piensa Ud. que Cristina quiere a Diego?

   _____

5. ¿Por qué Diego no quiere líos con Cristina?

   _____

6. ¿Por qué teme Diego un compromiso en sus relaciones con Cristina?

   _____

7. ¿Piensa Ud. que Diego ha dejado plantada a Cristina alguna vez?

   _____

8. Para mantener relaciones duraderas, ¿qué debe hacer uno?

   _____

9. Según Javier, ¿por qué no merece Diego ese tipo de tortura?

   _____

Puntos clave

PRACTICA DE FORMAS VERBALES

Antes de empezar esta sección, vea Explicación gramatical en las páginas verdes, al final de su libro de texto, para repasar los puntos clave y otros puntos gramaticales.

A. Práctica de conjugación. Complete la siguiente tabla con las conjugaciones apropiadas de los verbos indicados.

	presente	pretérito	imperfecto	presente perfecto	futuro/ condicional	presente de subjuntivo	imperfecto de subjuntivo
1. confiar (yo)							
2. merecer (nosotros)							
3. ponerse (ella)							
4. abrazar (yo)							
5. ligar (ellos)							
6. romper (Ud.)							

B. Traducciones.   Traduzca las siguientes oraciones. Recuerde que se colocan los pronombres de complemento directo e indirecto antes del verbo conjugado o después de y conectado con el infinitivo, el gerundio o el mandato afirmativo.

MODELO: I write it (f.). → (Yo) La escribo.

I'm writing it. → La estoy escribiendo. / Estoy escribiéndola.

Write it (**tú**). → Escríbela.

Don't write it (**Uds.**). → No la escriban.

1.   We hug him. _____

2.   We are hugging him. _____

3.   We hugged him. _____

4.   We used to hug him. _____

5.   We have hugged him. _____

6.   We will hug him. _____

7.   We would hug him. _____

8.   It's important that we hug him. _____

9.   It was important that we hugged him. _____

10. Hug him (**tú**). _____

11. Don't hug him (**Uds.**). _____

12. Let's hug him. _____

EL PUNTO CLAVE PRINCIPAL: NARRACION EN EL PASADO ℗

A. Los usos del pretérito y del imperfecto. Use la siguiente tabla para completar los Pasos 1 y 2. **¡OJO!** Hay más de una respuesta posible en algunos casos.

TABLA DE USOS DEL PRETERITO Y DEL IMPERFECTO

a. summary or reaction statement
b. completed action   } preterite
c. repeated situation with specific time indicated

d. description of a situation that is ongoing
   or continuous in the past
e. description of a pattern of action characteristic   } imperfect
   of a period of time (habitual)
f. description of what one was *going* to do at
   some future time

Paso 1. Lea el siguiente fragmento de *Querido Diego, te abraza Quiela* de la escritora mexicana Elena Poniatowska, en el que la narradora recuerda un amor que ha perdido. Escriba la letra que corresponde al uso del pretérito o imperfecto de cada verbo indicado. Los primeros tres ya están hechos.

Ayer *pasé* __b__[1] la mañana en el Louvre, chatito[a] (me gusta mucho llamarte chatito, me hace pensar

en tus padres, siento que soy de la familia) y estoy deslumbrada.[b] Cuando *iba* __e__[2] antes contigo,

Diego, *escuchaba* __e__[3] admirativamente, *compartía* _____[4] tu apasionamiento porque todo lo que

viene de ti suscita[c] mi entusiasmo, pero ayer *fue* _____[5] distinto, *sentí* _____[6] Diego y esto me *dio*

_____[7] una gran felicidad. Al salir del Louvre me *dirigí* _____[8] a la Galería Vollard a ver los Cezanne

y *permanecí*[d] _____[9] tres horas en su contemplación. Monsieur Vollard me *dijo* _____[10]: «Je vous laisse

seule»[e] y se lo *agradecí* _____.[11] *Lloré* _____[12] mientras *veía* _____[13] los cuadros, *lloré* _____[14] también

por ti y por mí, pero me *alivió* _____[15] llorar porque comprender, finalmente, es un embelesamiento[f]

y me *estaba proporcionando*[g] _____[16] una de las grandes alegrías de mi vida.

[a]*a term of endearment*   [b]*bewildered*   [c]*arouses*   [d]*I stayed*   [e]*«Je... "I'll leave you alone." (Fr.)*   [f]*delight*
[g]*me... I was allotting myself*

Paso 2. Ahora complete el siguiente párrafo con la forma apropiada del pretérito o imperfecto, según lo indicado por las letras de la tabla.

Hace cinco años Sara _____[1] (conocer: b) a un chico alemán que

_____[2] (estudiar: d) en los Cursos Internacionales para Extranjeros en Salamanca.

Sara _____[3] (conocer: d) a la familia con quien _____[4] (quedarse: d)

Hans. El _____[5] (ser: d) muy tímido y aunque _____[6] (querer: f)

aprender español, no _____[7] (querer: d) practicarlo con la familia. No

_____[8] (poder: d) abrir la boca porque le _____[9] (dar: d) vergüenza.

Sara _____10 (enterarse: b) de que su prima Luisa, una chica guapa de la edad de

Hans, _____11 (ir: f) a asistir a la universidad en Salamanca. _____12

(Saber: d) que Luisa le caería bien a Hans. Sara los _____13 (presentar: b) y a Hans le

_____14 (caer: a) bien Luisa. _____15 (Querer: f) invitarla a salir y para

hacerlo _____16 (tener: d) que hablar español. ¡Y así _____17

(resolverse: a) el problema!

B. Un descanso

Paso 1. Complete el párrafo con la forma apropiada del pretérito o imperfecto de cada verbo entre
paréntesis.

Sara _____1 (estar) estudiando cuando Laura _____2 (entrar) en el

cuarto. Le _____3 (preguntar) a Sara si _____4 (querer) ir al cine con

ella. Sara le _____5 (decir) que sí porque _____6 (sentirse) un poco

aburrida con sus estudios. Las dos _____7 (salir) en seguida para el cine.

_____8 (Ver) una película cómica y _____9 (reírse) mucho. Luego,

como _____10 (hacer) mucho frío, _____11 (entrar) en Ruta Maya y

_____12 (tomar) chocolate. _____13 (Ser) las 2:00 de la mañana cuando

por fin _____14 (regresar) a casa. Laura _____15 (acostarse)

inmediatamente porque _____16 (estar) cansada, pero Sara _____17

(empezar) a estudiar otra vez.

Paso 2. Ahora indique los verbos del Paso 1 que forman la «columna» y la «carne» de la historia.

LA COLUMNA	LA CARNE
_____	_____
_____	_____
_____	_____
_____	_____
_____	_____
_____	_____
_____	
_____	
_____	
_____	

C. ¿A la playa en invierno? ¡De ninguna manera! Complete la siguiente narración con la forma apropiada del pretérito o imperfecto de cada verbo entre paréntesis. Cuando aparezcan dos verbos juntos, escoja el verbo apropiado y conjúguelo en el pretérito o imperfecto.

Desde niño Sergio _____[1] (pasar) las vacaciones de Navidad en Colorado con sus

abuelos paternos. Las clases siempre _____[2] (terminar) a mediados de diciembre y las

vacaciones _____[3] (durar) hasta el día después de la fiesta de los Reyes Magos. Esas

tres semanas _____[4] (ser / estar) sus favoritas del año. Le _____[5]

(encantar) las fiestas, los regalos y sobre todo el frío y la nieve. Además, _____[6]

(haber) una chica muy guapa que también _____[7] (pasar) sus vacaciones allí.

_____[8] (Llamarse) Elena. Pero después de que _____[9] (morir) su

abuelo, su abuela _____[10] (ir) a vivir con Sergio y su familia en Boston y Sergio nunca

_____[11] (volver) a las montañas.

Los primeros años después de la muerte de su abuelo, Sergio _____[12] (quedarse)

en Boston. Pero el año pasado sus padres _____[13] (decidir) aprovechar[a] las

vacaciones para visitar a sus tíos en Playa del Carmen, en la Península de Yucatán. Cuando le

_____[14] (*ellos:* comunicar) la decisión a Sergio, no le _____[15] (gustar)

nada la idea de pasar las vacaciones sin nieve. Ese año, mientras _____[16] (hacer) las

maletas para volver a Boston, _____[17] (empezar) a pensar en la chica bonita de

Colorado. Perdido en sus pensamientos,[b] _____[18] (decidir) no volver a pasar nunca

más sus vacaciones preferidas bajo temperaturas tropicales.

_____[19] (Empezar) a formar el plan perfecto. La solución _____[20]

(ser / estar) apuntarse como[c] instructor de clases de esquí en Vail, Colorado. Ya _____[21]

(conocer / saber) a uno de los directores y a Sergio le _____[22] (gustar) la idea de

trabajar con niños. Así que al año siguiente _____[23] (hacer) sus maletas y

_____[24] (irse) para Colorado. Imagínese su alegría cuando _____[25]

(enterarse) de que su compañera de trabajo _____[26] (ir) a ser Elena. ¡Qué suerte!

[a]*to take advantage of*   [b]*thoughts*   [c]*apuntarse... hacerse*

❖**D. Mi primera fiesta universitaria.** Describa la primera fiesta universitaria a la que Ud. asistió. Debe mencionar dónde fue, cuánto tiempo estuvo allí, cómo lo pasó, quiénes estuvieron y lo bueno y lo malo de la fiesta.

_____

_____

_____

_____

_____

_____

_____

E. Javier y An Li

Paso 1. Complete la siguiente narración con la forma apropiada del pretérito, del imperfecto o de uno de los tiempos perfectos de cada verbo entre paréntesis. Cuando **ser** y **estar** aparezcan juntos, escoja el verbo apropiado y conjúguelo en la forma apropiada.

Hace más o menos un año, Javier _____¹ (ser / estar) el hombre más feliz del mundo.

_____² (Salir) con una chica maravillosa. _____³ (Llamarse) An Li y su

familia _____⁴ (ser / estar) de Taiwan, aunque ella _____⁵ (nacer) en

los Estados Unidos. Claro que no _____⁶ (ser / estar) la muchacha puertorriqueña

que la madre de Javier _____⁷ (querer) para su hijo, pero _____⁸

(ser / estar) muy inteligente, guapa y simpática. Javier incluso _____⁹ (llegar) a

pensar que _____¹⁰ (haber, encontrar) a su futura esposa.

Ellos _____¹¹ (pasar) todo su tiempo libre juntos. Les _____¹²

(encantar) salir a bailar en Calle Ocho o hacer picnics en los numerosos parques de la ciudad. Siempre

_____¹³ (estudiar) juntos, pero a veces Javier _____¹⁴ (tener) dificultades

en concentrarse. De veras _____¹⁵ (ser / estar) locamente enamorado de ella.

Pero un día todo _____¹⁶ (empezar) a cambiar. An Li fue aceptada en la Escuela

de Medicina de Harvard. Ella _____¹⁷ (emocionarse) mucho —siempre

_____¹⁸ (haber, soñar) con estudiar en esa prestigiosa universidad. Claro que lo

_____¹⁹ (ir) a aceptar —no lo _____²⁰ (dudar) ni un minuto. Tampoco

_____²¹ (pensar) en los sentimientos de Javier, quien _____²²

(quedarse) muy triste. Javier _____²³ (darse cuenta) de que _____²⁴

(ir) a perder el amor de su vida y de que a ella le _____²⁵ (importar) muy poco todo

lo que ellos _____²⁶ (haber, compartir).

An Li _____²⁷ (ver) su tristeza y le _____²⁸ (explicar) que aunque

Javier le _____²⁹ (gustar) mucho, ella _____³⁰ (tener) que realizar sus

sueños. Le _____³¹ (decir) que si su amor realmente _____³² (ser)

fuerte, duraría. Pero Javier no _____³³ (ser / estar) del todo convencido. A los tres

meses _____³⁴ (despedirse) de An Li y desde entonces _____³⁵

(haber, ser) muy cínico en cuestiones de amor.

Paso 2. ¿Qué opina Ud. de la decisión de An Li? ¿Debía irse a Harvard o debía quedarse con su amado? Escriba una breve explicación.

_____

_____

_____

_____

Paso 3. Imagínese que Ud. está conversando en Ruta Maya con Javier y acaba de oír su triste historia y de enterarse de su cinismo en cuanto al amor. Escriba tres preguntas que Ud. le haría y luego escriba las respuestas que Javier podría darle.

1. UD.: ¿_____ ?

   JAVIER: _____

2. UD.: ¿_____ ?

   JAVIER: _____

3. UD.: ¿_____ ?

   JAVIER: _____

Paso 4. Finalmente, escriba dos oraciones para expresar sus reacciones a la historia de Javier.

1. _____

   _____

2. _____

   _____

F. Una cita a ciegas (*blind*). Mire los siguientes dibujos que muestran lo que le pasó a Sergio la primera y última vez que aceptó «una cita a ciegas».

Paso 1. Apunte los verbos que forman la «columna» y los que describen la «carne».

   Palabras útiles: doler (ue) (*to hurt*), pintar (*to paint*); el retrato (*portrait*)

1.

2.

3.

4.

5.

LA COLUMNA

6.

LA CARNE

_____   _____
_____   _____
_____   _____
_____   _____
_____   _____
_____   _____

Paso 2. Con los verbos que apuntó en el Paso 1, escriba una narración de lo que pasó.

_____
_____
_____
_____
_____
_____
_____
_____
_____
_____
_____

LOS OTROS PUNTOS CLAVE

A. Descripción. Complete cada oración con la forma apropiada de **ser** o **estar** y del adjetivo entre paréntesis.

1. Hace poco, las amigas de Laura _____ (ser / estar) _____

   (asustado) porque Laura no contestó el teléfono durante una semana entera.

2. Los libros de amor que Sara leyó cuando _____ (ser / estar) adolescente eran

   _____ (chistoso).

3. Sugiero que los novios _____ (ser / estar) menos _____ (celoso).

4. Todos los pensamientos _____ (ser / estar) _____ (compartido)

    entre las almas gemelas.

❖B. Comparación. Use el adjetivo entre paréntesis para hacer una comparación de las personas de cada grupo a continuación.

1. Nancy Reagan / Barbara Bush / Hillary Rodham Clinton (sumiso)

    _____

2. Jim Carrey / Brad Pitt (egoísta)

    _____

3. June Cleaver ("Leave it to Beaver") / Roseanne (conservador)

    _____

❖C. Reacciones y recomendaciones. Lea el siguiente artículo. Luego, use las expresiones de la lista para expresar sus reacciones.

Los católicos no deben casarse en Disneyworld, según la diócesis

WASHINGTON, EU,[1] 9 de diciembre (ANSA).- Los católicos deben abstenerse de casarse en Disneyworld, según una decisión de la diócesis de Orlando, que sostuvo[2] que el matrimonio es algo serio y no debe celebrarse en un centro de juegos.

"El matrimonio es un sacramento —declaró sor[3] Lucy Vásquez, vocera[4] de la diócesis— y debe ser celebrado en la iglesia". Los sacerdotes[5] católicos fueron por lo tanto invitados a no participar en los ritos organizados por Walt Disney en el "palacio de los matrimonios".

Las "bodas de fábula a la americana"[6] son una de las atracciones lanzadas[7] por Disney en su parque de diversiones en Orlando.

La mayoría de las iglesias protestantes firmaron una convención[8] que autoriza a los sacerdotes a celebrar matrimonios en el pabellón[9] de Disneyworld.

Una ceremonia para pocos íntimos vale 2,500 dólares, pero quien paga 20 mil dólares tiene derecho a un banquete para un centenar[10] de invitados frente al Castillo de la Cenicienta,[11] con música y fuegos artificiales.

La novia es llevada hasta el sacerdote en la carroza[12] de Cenicienta y las alianzas[13] son custodiadas[14] en una cajita de vidrio[15] con forma de zapatito.

En 1996 casi 1,700 parejas se casaron de este modo. Sin embargo, la Iglesia Católica no se adhirió a[16] la convención y hoy confirmó la prohibición.

---

[1]Estados Unidos   [2]*upheld*   [3]*sister*   [4]*spokeswoman*   [5]*priests*   [6]bodas... *fantasy weddings*   [7]*launched*
[8]*agreement*   [9]*pavilion*   [10]un... *cien*   [11]*Cinderella*   [12]*coach*   [13]*wedding rings*   [14]*guardadas*
[15]cajita... *little glass box*   [16]no... *did not follow*

(No) Creo que	Es chistoso que	Es importante que	(No) Me gusta que
Es bueno/malo que	Es evidente que	Es ridículo que	Pienso que

1. _____

2. _____

3. _____

4. _____

D. Hablar de los gustos. Use cada grupo de palabras a continuación para formar oraciones completas.

1. la gente romántica / gustar / pasear bajo las estrellas

_____

2. nosotros / molestar / los quehaceres domésticos

_____

3. los turistas / encantar / las mariposas (*butterflies*) monarca

_____

4. Frida Kahlo / fascinar / las pinturas de Diego Rivera

_____

❖E. Hacer hipótesis. Complete cada una de las siguientes oraciones de una manera original. Use el condicional o el imperfecto de subjuntivo de los verbos que escoja.

1. Si tuviera 2.500 dólares para casarme en Disneyworld, _____

porque _____

2. Si _____,

no podría casarme en Disneyworld.

3. Si yo fuera un sacerdote católico, _____

_____

4. Si Cenicienta _____,

su madrastra fea y mala se sorprendería.

❖F. Hablar del futuro. Lea las siguientes oraciones y luego haga una conjetura sobre cada una usando el futuro.

MODELO: Margarita acaba de romper con su novio. → Estará muy apenada.

1. La mejor amiga de Marta va a venir a visitarla.

_____

2. El pretendiente de Lola dijo que iba a recogerla a las 6:00. Ya son las 7:30 y todavía no ha llegado.

_____

3. Siempre están abrazándose y besándose.

_____

4. Regina acaba de recibir un ramo (*bouquet*) de flores de un admirador.

Su novio _____

G. Traducción. Traduzca las siguientes oraciones al español.

1. It bothers Diego that Cristina flirts with other men.

   _____

   _____

2. If I were Cristina, I would break up with Diego since he's always thinking about his store.

   _____

   _____

❖Reciclaje del vocabulario y los puntos clave

Las familias. Escriba una oración sobre las relaciones sentimentales para cada punto clave. Puede basarse en la tira cómica del Capítulo 3 de su libro de texto o puede usar sus propias ideas. Use una palabra de la lista en cada oración. Tres de las diez oraciones deben ser preguntas.

avergonzado/a	exigente	quejarse
compartir	el fracaso	raro/a
decepcionado/a	mandón/mandona	regañar
degradante	pésimo/a	rogar (ue)

DESCRIBIR D

1. descripción: _____

   _____

COMPARAR C

2. comparación: _____

   _____

REACCIONAR RECOMENDAR R

3. reacción: _____

   _____

REACCIONAR RECOMENDAR R

4. recomendación: _____

   _____

PASADO P

5. narración en el pasado: _____

   _____

GUSTOS G

6. hablar de los gustos: _____

   _____

HIPÓTESIS H

7. hacer hipótesis: _____

   _____

FUTURO F

8. hablar del futuro: _____

   _____

❖Portafolio de lecturas (Optativo)

Busque y lea otro artículo sobre el país que escogió en el Portafolio de lecturas del Capítulo 1. Luego, complete el siguiente formulario sobre el artículo.

Nombre e información bibliográfica del artículo:

título _____

revista _____ número _____ fecha _____ páginas _____

Resumen del artículo:

_____

_____

_____

_____

_____

_____

_____

_____

_____

Vocabulario nuevo y su significado en el contexto del artículo:

_____   _____

_____   _____

_____

¿Cuáles son sus reacciones? Puede usar las siguientes frases, si quiere.

Es interesante / increíble / ridículo / evidente que...   por lo tanto
(No) Creo que...   porque
(No) Me gusta que...   sin embargo
                                                               a menos que

_____

_____

_____

Evaluación del artículo: 1   2   3   4   5   6   7   8   9   10

❖ ¡A escribir! (Optativo)

Una reseña. Mire una película que trate de las relaciones sentimentales del mundo hispano. Escriba una reseña de esa obra que incluya por lo menos cuatro de los siguientes puntos:

Describa a un personaje interesante de la película.

Compare a dos o más personajes de la película.

¿Cómo reaccionó Ud. y qué le recomienda al director?

P ¿Qué pasó en una escena clave?

G ¿Qué le gustó y qué le molestó de la película o de algún personaje?

F **G** ¿Cómo se recibirá esa película en su comunidad? ¿Cuáles son las partes que les gustarán y cuáles son las partes que les molestarán a las personas de su comunidad?

H Si Ud. fuera el director / la directora, ¿qué cambiaría de la película?

Debe usar los conectores apropiados para darle la coherencia necesaria al artículo. A continuación hay algunas sugerencias de películas:

A Walk in the Clouds, Como agua para chocolate, Belle Époque, Havana, Il postino, Fools Rush In

_____

_____

_____

_____

_____

_____

_____

_____

_____

_____

_____

 PRACTICA ORAL

❖Trabalenguas

 Lea y escuche las siguientes oraciones. Va a oír las oraciones dos veces. Repita cada una después de oírla la segunda vez.

1. Paco **piropeó** a Paula, y por eso Pancho **perdió** la paciencia.

2. ¡La fiesta **fue** fenomenal! **Festejaban** a Franco Falcón, el fundador de la Federación de Floristas.

3. Mientras Marisa **movía** los muebles, su marido **miraba** el maratón en la tele.

4. Regina **estaba** emocionada porque **recibió** un ramo de flores de un admirador romántico.

5. **Eran** las once cuando Oscar **oyó** el ruido del horroroso huracán.

Situaciones

 A. María Metiche.   Hoy María Metiche tiene información sobre las relaciones sentimentales entre Diego y Cristina. Escuche lo que dice María de lo que oyó ayer en Ruta Maya. Luego, escriba cuatro oraciones para explicar qué hicieron Sara y Cristina antes de llegar a Ruta Maya. Recuerde que María va a usar el pretérito para marcar el avance de la acción y el imperfecto para hacer descripciones de fondo.

1. _____

2. _____

3. _____

4. _____

B. Vocabulario del tema.   Escuche cada uno de los siguientes mensajes del contestador automático de Javier. Luego, escriba la forma apropiada de un adjetivo de la lista a continuación que corresponda a cómo se siente cada persona que le deja un mensaje a Javier. (Las respuestas se dan en la cinta.)

agotado	avergonzado
alucinado	confundido
apenado	enojado
asustado	rabioso

1. _____

2. _____

3. _____

4. _____

5. _____

Puntos clave

A. Diego y Cristina. Escuche cada oración sobre Diego y Cristina. Luego, indique si el verbo expresa una idea en el presente, pasado o futuro. (Las respuestas se dan en la cinta.)

	PRESENTE	PASADO	FUTURO
1.	☐	☐	☐
2.	☐	☐	☐
3.	☐	☐	☐
4.	☐	☐	☐
5.	☐	☐	☐
6.	☐	☐	☐

B. Dictado. Escuche la siguiente serie de oraciones. Va a oír cada oración dos veces. Mientras Ud. escuche la segunda vez, escriba lo que oiga. Luego, identifique cuál de los puntos clave se representa en cada oración. Puede escuchar las oraciones más de una vez, si quiere.

Puntos clave:

D descripción   **G** hablar de los gustos

C comparación   **H** hacer hipótesis

R reacciones y recomendaciones   **F** hablar del futuro

P narración en el pasado

1. _____

_____

2. _____

_____

3. _____

_____

4. _____

_____

5. _____

_____

Para escuchar mejor: Alma Reed y Felipe Carrillo Puerto: Una historia de amor en México

ANTES DE ESCUCHAR

❖**A. Anticipar la información.** Ud. va a escuchar parte de una conferencia sobre la vida de Alma Reed, una periodista norteamericana que se enamoró en México y de México. Antes de escuchar, indique la información que Ud. cree que podría escuchar durante la conferencia.

1. _____ la fecha de nacimiento

2. _____ el aspecto físico

3. _____ la educación

4. _____ la actividad política

5. _____ las relaciones familiares

6. _____ las relaciones amorosas

7. _____ el trabajo

8. _____ la salud

9. _____ los amigos

10. _____ la muerte

B. Vocabulario en contexto. Escuche las siguientes cuatro oraciones tomadas de la conferencia. Después de oír cada una dos veces, escriba el número que oiga en la oración.

1. _____ 2. _____ 3. _____ 4. _____

¡A ESCUCHAR!

A. Comprensión. Ahora escuche la conferencia sobre Alma Reed y Felipe Carrillo Puerto. Luego, conteste las siguientes preguntas según lo que Ud. oyó en la conferencia.

1. ¿Cómo era Alma Reed?

_____

2. ¿Por qué fue a México?

_____

3. ¿Por qué fue a Yucatán?

_____

4. ¿Qué pasó cuando conoció a Felipe Carrillo Puerto?

_____

5. ¿Por qué no era posible mantener esas relaciones?

_____

6. ¿Qué hizo Felipe para poder casarse con Alma?

_____

7. ¿Se casaron al final?

_____

8. ¿Cómo describe Ud. el amor de Alma y Felipe?

_____

❖ **B. ¡Apúntelo!**

Paso 1. Ahora rebobine la cinta y vuelva a escuchar la conferencia. Tome apuntes sobre lo que oiga usando la siguiente tabla como guía.

Alma Reed

su familia y juventud	
sus primeros años como periodista	
su trabajo en México	
sus relaciones con Felipe	

Paso 2. Ahora haga un breve resumen del contenido de la conferencia, usando sus apuntes como guía.

_____

_____

_____

_____

_____

_____

_____

CAPITULO **4**

✏ PRACTICA ESCRITA

Vocabulario del tema

A. ¿Cierto o falso?   Lea cada oración e indique si es cierta (C) o falsa (F). Luego, escriba una oración para explicar por qué.

1.   C   F   Si un empleado nunca se pone al día, su jefe debe festejarlo.

_____

2.   C   F   Los jefes de compañías importantes se destacan por ser vagos y quemados.

_____

3.   C   F   Es muy agradable pasar un fin de semana en la playa con un aguafiestas.

_____

4.   C   F   Una persona que está agotada debe posponer sus obligaciones y entretenerse más.

_____

5.   C   F   Una persona que vela con frecuencia es menos productiva por estar agotada o quemada.

_____

❖**B.   Oraciones compuestas.**   Escriba un comentario sobre cada una de las cuatro palabras a continuación. Use dos verbos y un conector de la siguiente lista en cada oración.

MODELO: la tecnología →
La tecnología nos puede ayudar a realizar nuestros proyectos. Sin embargo, también puede aumentar el estrés.

VERBOS:		CONECTORES:
aliviar	mejorar	además
aprovechar(se) (de)	posponer	para que
aumentar	realizar	por eso
disminuir	relajarse	por lo tanto
evitar	sostener	por otro lado
		sin embargo
		ya que

1.   el estrés _____

_____

2.   los chismes _____

_____

3.   las bromas _____

_____

4. el presupuesto _____

_____

❖C. **Asociaciones.** Escriba tres palabras que se asocien con cada una de las siguientes palabras.

1. una persona fiestera _____ _____ _____

2. la pereza _____ _____ _____

3. el desempleo _____ _____ _____

❖D. **Definiciones.** Escriba una definición en español para cada una de las siguientes palabras.

1. el estreno _____

2. el bienestar _____

3. ponerse al día _____

4. la meta _____

5. capaz _____

E. **El proyecto de Sergio.** Complete el siguiente párrafo con la forma apropiada de la palabra más apropiada entre paréntesis.

Aunque me destaco por ser muy fiestero y trabajo mucho por las noches, me encanta

_____[1] (madrugar / charlar), porque por la mañana hago planes. Este mes mi

proyecto especial es mi primo Diego. Es importante que Diego _____[2]

(disminuir / aumentar) el número de horas que dedica a su tienda para que le dé más tiempo a

_____[3] (velar / aprovechar) la vida cultural de esta gran ciudad. Voy a recomendarle

a Diego que _____[4] (realizar / posponer) la apertura[a] de una nueva tienda. Aunque

es verdad que Diego ha sido muy _____[5] (acosado / exitoso) en su negocio, es muy

importante _____[6] (convencerlo / mejorarlo) que piense un poco en su tiempo

_____[7] (vago / libre) y en cómo puede disfrutar de la vida. ¿Está Ud. de acuerdo en

que sería más _____[8] (saludable / capaz) que Diego se relajara un poco?

[a]opening

❖F. **El trabajo.** Escriba una composición sobre el trabajo en general. Incluya comentarios sobre un trabajo que Ud. haya tenido, el trabajo que tiene ahora y lo que sería su trabajo ideal.

_____

_____

_____

_____

_____

_____

_____

Puntos clave

PRACTICA DE FORMAS VERBALES

Antes de empezar esta sección, vea Explicación gramatical en las páginas
verdes, al final de su libro de texto, para repasar los puntos clave y otros
puntos gramaticales.

A. Práctica de conjugación.   Complete la siguiente tabla con las conjugaciones apropiadas de los
verbos indicados.

	presente	pretérito	imperfecto	presente perfecto	futuro/ condicional	presente de subjuntivo	imperfecto de subjuntivo
1. velar (yo)							
2. madrugar (nosotros)							
3. realizar (ella)							
4. posponer (yo)							
5. cargar (ellos)							
6. reírse (i, i) (tú)							

B. Traducciones. Traduzca las siguientes oraciones. Recuerde que se colocan los pronombres de complemento directo e indirecto antes del verbo conjugado o después de y conectado con el infinitivo, el gerundio o el mandato afirmativo.

> MODELO: I write it (*f.*). → (Yo) La escribo.
>
> I'm writing it. → La estoy escribiendo. / Estoy escribiéndola.
>
> Write it (**tú**). → Escríbela.
>
> Don't write it (**Uds.**). → No la escriban.

1. They entertain themselves. _____

2. They are entertaining themselves. _____

3. They entertained themselves. _____

4. They used to entertain themselves. _____

5. They have entertained themselves. _____

6. They will entertain themselves. _____

7. They would entertain themselves. _____

8. I'm glad that they entertain themselves. _____

9. I was glad that they entertained themselves. _____

10. Entertain yourself. (**tú**) _____

11. Don't entertain yourselves. (**Uds.**) _____

12. Let's entertain ourselves. _____

EL PUNTO CLAVE PRINCIPAL: HABLAR DE LOS GUSTOS G

Gustar **y otros verbos parecidos**

A. Los intereses. Complete cada una de las siguientes oraciones con el pronombre apropiado según el contexto y el verbo apropiado entre paréntesis.

1. ¿A ti _____ (gustó / gustaron) la última película de Almodóvar?

2. A mí _____ (gustaba / gustaban) escaparme de casa por la noche cuando era

   adolescente.

3. A Sergio _____ (encanta / encantan) las fajitas tex-mex.

4. A Sara la comida picante _____ (resulta / resultan) imposible de tragar

   (*to swallow*).

5. A Javier _____ (fascina / fascinan) las diversas culturas de Latinoamérica.

6. A los padres de Diego _____ (preocupa / preocupan) la americanización de

   su hijo.

7. A nosotros _____ (da / dan) igual si ella asiste a la fiesta o se queda en casa.

B. Los amigos.   Escriba oraciones completas según las indicaciones, añadiendo sus propias ideas al final de cada una.

1.   Sergio / emocionar / los conciertos de Mercedes Sosa / porque...

   _____

2.   Sara y Laura / gustar / el café con leche y las galletas de chocolate / aunque...

   _____

3.   Diego / hacer falta / más tiempo libre / para...

   _____

4.   Javier / fastidiar / las sugerencias de su madre sobre su futura esposa / ya que...

   _____

5.   tú / molestar / las bromas / por lo tanto...

   _____

6.   Sara / interesar / entrevistar a Steven Spielberg / pero...

   _____

❖**C. Entre amigos.**   Escriba oraciones completas usando las indicaciones a continuación. Siga el modelo.

   MODELO: Manuel / (no) encantar / Laura →
   A Manuel le encanta que Laura le escriba cartas de amor.

1.   Diego / (no) gustar / Sergio

   _____

2.   Laura / (no) encantar / Javier

   _____

3.   Cristina / (no) molestar / Diego

   _____

4.   Sara / (no) dar igual / Laura

   _____

5.   la Sra. de Mercado / (no) preocupar / Javier

   _____

Los pronombres de complemento directo e indirecto

A. ¡A bailar!   Escriba el pronombre de complemento directo o indirecto apropiado en cada espacio en blanco. **¡OJO!** La mitad (*Half*) de los espacios van a permanecer (*remain*) en blanco.

A Javier y a Laura _____[1] encanta _____[2] bailar salsa y merengue, dos tipos de baile que se originaron en el Caribe. Pero el año pasado, cuando ofrecieron una clase de tango en la universidad, decidieron _____[3] tomar_____.[4] A ellos siempre _____[5] interesaba _____[6] el tango y era una buena oportunidad para aprender a _____⁷ bailar_____.⁸ A Javier _____⁹ preocupaba _____¹⁰ no poder

asimilar el ritmo sensual del tango. Sin embargo, después de _____¹¹ escuchar_____¹²

varias veces, _____¹³ pareció _____¹⁴ natural. A Laura _____¹⁵ fastidiaba

_____¹⁶ que todos los hombres menos Javier bailaran mal, y por eso no _____¹⁷ quería

_____¹⁸ como pareja. Pero para no ser mal educada, _____¹⁹ sonreía _____²⁰ y

aceptaba sus invitaciones a bailar. Después de cinco semanas de clase, Javier y Laura salieron a bailar

con Cristina y Diego y _____²¹ mostraron _____²² lo que habían aprendido.

❖**B. En su tiempo libre.** Conteste las siguientes preguntas personales. En cada respuesta, sustituya el pronombre que corresponda al complemento directo de la pregunta. **¡OJO!** Algunas respuestas tienen complementos directos e indirectos.

> MODELO: ¿En qué momentos le gusta ver películas chistosas? →
> Me gusta verlas cuando estoy de mal humor y quiero reírme mucho.

1. ¿Cómo mantiene el bienestar físico y mental?

   _____

2. ¿Qué hace para realizar sus metas?

   _____

3. Para pasar el fin de semana de maravilla, ¿qué hace Ud.?

   _____

4. ¿Cuándo es el mejor momento para pedirle un aumento (*raise*) a su jefe?

   _____

5. ¿Cuándo les pide dinero a sus amigos?

   _____

C. Los conectores y los pronombres. Use un conector de la siguiente lista para unir cada par de oraciones a continuación. Para evitar la repetición, sustituya el pronombre que corresponda al complemento directo de la segunda parte de su oración.

además	por eso	sin embargo
así que	por lo tanto	y
como	por otro lado	ya que
pero	puesto que	

> MODELO: Necesito un trabajo nuevo. Voy a empezar a buscar un trabajo nuevo mañana mismo.→
> Necesito un trabajo nuevo, así que lo voy a buscar mañana.

1. Tengo un problema que necesito comentar con mi profesor.
   Podemos comentar el problema en nuestra reunión mañana.

   _____

2. Me encanta la música caribeña.
   Escucho música caribeña todas las noches.

   _____

3. Después de establecer una meta grande me siento ansiosa.
   Establezco metas pequeñas para poder realizar una meta grande.

   _____

4. El desempleo es un problema grave hoy en día.
   El gobierno quiere hacer todo lo posible para eliminar el desempleo.

   _____

5. Tener palanca es una ventaja cuando se está buscando un buen puesto.
   Conseguir un buen puesto por su propia cuenta es mejor.

   _____

LOS OTROS PUNTOS CLAVE

A. Descripción. Complete el siguiente párrafo con la forma apropiada de cada palabra entre paréntesis. Cuando **ser** y **estar** aparezcan juntos, escoja el verbo apropiado y conjúguelo en su forma apropiada. Para cada verbo entre paréntesis que no sea **ser** ni **estar,** escriba la forma apropiada del participio pasado como adjetivo.

Según el artículo «La vida anti estrés», _____[1] (escribir) por una investigadora

_____[2] (renombrar), las presiones de la vida _____[3] (moderno) son

_____[4] (negativo) no sólo para el trabajador sino también para su familia. Además,

las mujeres se sienten más _____[5] (agotar) que los hombres. Sus vidas

_____[6] (ser / estar) _____[7] (agobiante) porque tienen _____[8]

(mucho) responsabilidades. Sin embargo, su estado de ánimo puede mejorar si reservan el tiempo

_____[9] (adecuado) para _____[10] (ser / estar) con _____[11]

(su) familias y relajarse.

B. Comparación. Haga comparaciones entre su vida como estudiante de secundaria y como estudiante universitario/a. Use los verbos indicados.

MODELO: reunirse →
En la escuela secundaria me reunía con los amigos más que en la universidad.

1. sacarse el aire _____

   _____

2. realizar _____

   _____

3. velar _____

   _____

4. evitar _____

   _____

C. Reacciones y recomendaciones. Imagínese que Ud. es un psicólogo / una psicóloga trabajando con una ejecutiva muy estresada. Haga recomendaciones para que ella pueda disfrutar más de la vida. Use varios verbos y/o expresiones para darle consejos.

MODELO: Le aconsejo que evite las confrontaciones negativas con los colegas.

1. _____

2. _____

3. _____

4. _____

❖D. Narración en el pasado

Paso 1. Mire los siguientes dibujos que muestran lo que le pasó a Diego un día cuando estaba enfermo. Luego, apunte los verbos que forman «la columna» de su historia y los verbos que describen «la carne».

Palabras útiles: apagar (*to put out*), estallar (*to break out*), probarse (ue) (*to try on*); el incendio (*fire*), las joyas (*jewelry*)

LA COLUMNA	LA CARNE
_____	_____
_____	_____
_____	_____
_____	_____
_____	_____

Paso 2. Con los verbos que Ud. apuntó en el Paso 1, escriba una narración de lo que pasó.

_____

_____

_____

_____

_____

_____

_____

❖E.   Hablar del futuro

Paso 1. Describa cómo serán los siguientes aspectos del trabajo en el futuro.

1.   las computadoras _____

_____

_____

2.   las oficinas _____

_____

_____

3.   el horario de trabajo _____

_____

_____

4.   la acción afirmativa _____

_____

_____

Paso 2. Ahora conteste las siguientes preguntas con oraciones completas.

1.   ¿Cómo festejará Ud. la ocasión de su graduación?

_____

2.   Después de graduarse, ¿cómo cambiará su vida?

_____

3.   La próxima vez que tenga un fin de semana de tres días, ¿qué hará?

_____

❖F.   Hacer hipótesis.   Imagínese que Ud. está hablando con su sobrino, un chico muy fiestero. Complete las siguientes oraciones para decirle cómo cambiaría su vida si se aplicara más en los estudios y en el trabajo.

1.   Si no pospusieras la tarea siempre, _____

2.   Si _____,

no perderías tanto tiempo.

3.   Si estuvieras más dispuesto a trabajar, _____

4.   Si _____,

no velarías la noche antes de un examen.

5. Si no evitaras el trabajo, _____

6. Si _____,

_____

G. Traducción. Traduzca las siguientes oraciones al español.

1. Sara had a terrible time last night because her friend Pepe was in a bad mood and he acted like a party pooper.

_____

_____

2. I would stay up all night if I had to prepare a budget for my job.

_____

_____

❖Reciclaje del vocabulario y los puntos clave

Escriba una oración para cada punto clave sobre cómo sería si Ud. trabajara con un jefe / una jefa difícil. Puede basarse en la tira cómica del Capítulo 4 del libro de texto o puede usar sus propias ideas. Use una palabra de la lista en cada oración. Tres de las diez oraciones deben ser preguntas.

la armonía	discutir	el lío	rabioso/a
asqueado/a	extrañar	obedecer	el resentimiento
cursi	harto/a	odiar	el riesgo

DESCRIBIR
D

1. descripción: _____

_____

COMPARAR
C

2. comparación: _____

_____

REACCIONAR RECOMENDAR
R

3. reacción: _____

_____

REACCIONAR RECOMENDAR
R

4. recomendación: _____

_____

PASADO
P

5. narración en el pasado: _____

_____

GUSTOS
G

6. hablar de los gustos: _____

_____

HIPÓTESIS
H

7. hacer hipótesis: _____

_____

FUTURO
F

8. hablar del futuro: _____

_____

Portafolio de lecturas (Optativo)

Busque y lea otro artículo sobre el país que escogió en el Portafolio de lecturas del Capítulo 1. Luego, complete el siguiente formulario sobre el artículo.

Nombre e información bibliográfica del artículo:

título _____

revista _____ número _____ fecha _____ páginas _____

Resumen del artículo:

_____

_____

_____

_____

_____

_____

_____

_____

_____

Vocabulario nuevo y su significado en el contexto del artículo:

_____   _____

_____   _____

_____   _____

¿Cuáles son sus reacciones? Puede usar las siguientes frases, si quiere.

Es interesante / increíble / ridículo / evidente que...   por lo tanto
(No) Creo que...   por eso
(No) Me gusta que...   sin embargo
                                                             a menos que

_____

_____

_____

Evaluación del artículo: 1   2   3   4   5   6   7   8   9   10

✦ ¡A escribir! (Optativo)

Una reseña.   Mire una película que trate del baile del mundo hispano. Escriba una reseña de esa obra que incluya por lo menos cuatro de los siguientes puntos:

Describa a un personaje interesante de la película.

Compare a dos o más personajes de la película.

R ¿Cómo reaccionó Ud. y qué le recomienda al director?

P ¿Qué pasó en una escena clave?

G ¿Qué le gustó y qué le molestó de la película o de algún personaje?

F G ¿Cómo se recibirá esa película en su comunidad? ¿Cuáles son las partes que les gustarán y cuáles son las partes que les molestarán a las personas de su comunidad?

H Si Ud. fuera el director / la directora, ¿qué cambiaría de la película?

Debe usar los conectores apropiados para darle la coherencia necesaria al artículo. A continuación hay algunas sugerencias de películas:

Mambo Kings, Strictly Ballroom, Tango en Broadway, El día que me quieras, Tango Bar, Carmen

_____
_____
_____
_____
_____
_____
_____
_____
_____
_____

✳ Prueba diagnóstica

A. Opciones. Complete cada oración con la opción más apropiada, según el contexto.

1. El padre de Laura no quiere que ella _____ en Latinoamérica.

   a. trabajará   b. trabaje   c. trabaja

2. Si Diego no se _____ tanto por su tienda, se divertiría más.

   a. preocuparía   b. preocupaba   c. preocupara

3. A Sara _____ parece inhumano _____ que hace el grupo E.T.A.* en España.

   a. le / lo   b. se / lo   c. le / el

---

*La frase vascuence *Euskadi Ta Askatasuna* significa en español «patria vasca y libertad». La E.T.A. es un grupo vasco separatista. A menudo recurre a (*it resorts to*) métodos violentos con el fin de convertir la región española del País Vasco en su propia nación.

4. Sergio _____ muy cansado cuando Laura lo _____ para invitarlo a cenar.

   a. estuvo / llamó　　　　　b. estaba / llamó　　　　　c. estaba / llamaba

5. A Sara no le gusta que nadie _____ sus discos cuando está trabajando.

   a. usó　　　　　b. usa　　　　　c. use

6. Si _____ estado en casa, _____ visto ese programa en la televisión.

   a. habrías / hubieras　　　　　b. hubieras / habrías　　　　　c. habrías / habrías

7. Sergio bebe tanto café _____ Sara, pero come más _____ ella.

   a. como / que　　　　　b. que / como　　　　　c. como / de

8. A Laura _____ preocupan _____ que existen en Latinoamérica.

   a. le / el analfabetismo　　　　　b. se / los problemas　　　　　c. le / los problemas

9. Manuel y Laura _____ muy enamorados, aunque no se ven con frecuencia.

   a. son　　　　　b. estaban　　　　　c. están

10. Es bueno que las personas _____ de los problemas que les preocupan.

    a. hablen　　　　　b. hablarán　　　　　c. hablan

B. Oraciones. Complete cada una de las siguientes oraciones con la forma apropiada de las palabras o frases entre paréntesis. Cuando aparezcan dos o más palabras o frases, escoja la más apropiada.

1. _____ (El) temas que tratan los periódicos son muy _____

   (variado).

2. No _____ (gustarme) la película que _____ (ver) anoche porque

   _____ (ser / estar) demasiado larga.

3. Mi profesor dice que está _____ (bueno / útil / bien) aprender idiomas.

4. Mis tías _____ (ser / estar) _____ (desilusionado) porque no

   puedo pasar mis vacaciones con ellas.

5. Ese cuadro es _____ (de moda / impresionista / en el Louvre).

C. Sergio. Escriba la forma apropiada de los verbos entre paréntesis. Preste atención al tiempo y al modo de los verbos. Cuando **ser** y **estar** aparezcan juntos, escoja el verbo apropiado y conjúguelo en la forma apropiada.

Cuando Sergio _____[1] (tener) 18 años, con frecuencia viajaba a Chile con su padre.

Dado que[a] a los dos les _____[2] (encantar) pescar,[b] un invierno _____[3]

(decidir) ir a Viña del Mar. _____[4] (Ser / Estar) el mes de febrero. Cuando Sergio

_____[5] (enterarse) de que se _____[6] (ir) a celebrar allí el gran Festival

de Música, _____[7] (ponerse) contentísimo. No cabe duda que tanto Sergio como su

padre _____[8] (pasar) las vacaciones más agradables de su vida en esa ocasión.

[a]Dado... *Given that*　　[b]*to fish*

Hace dos días Sergio _____9 (recibir) una llamada de su ex jefe. Quiere que

Sergio lo _____10 (acompañar) a Chile para que lo ayude con un proyecto.

Sergio le dijo que le _____11 (encantar) ir con él. ¡Es una suerte que Sergio

_____12 (tener) tanta flexibilidad en su trabajo! Por eso, _____13

(poder) tomar el próximo vuelo para Chile.

D. Traducción. Traduzca la siguiente oración al español.

Latin American music fascinates Sergio as much as it fascinates his father.

_____

_____

CAPITULO **4**

PRACTICA ORAL

❖ Trabalenguas

Lea y escuche las siguientes oraciones. Va a oírlas dos veces. Repita cada una después de oírla la segunda vez.

1. **A** Elena **le encantan** las exposiciones del pintor ecuatoriano Gonzalo Endara Crow.

2. **A** Imelda no **le importa** la inquietud de los indígenas ni el incremento de la inmigración.

3. **A** Sara **le encanta** el estreno de cualquier espectáculo extranjero en los Estados Unidos.

4. **A** Sergio y a Javier **les fascina** la idea de usar la terapia musical contra el estrés.

5. **A** los aguafiestas **les aburren** las actividades que animan cualquier fiesta.

Situaciones

A. María Metiche.   Como ya sabe, María Metiche siempre habla con todo el mundo sobre lo que pasa con Javier y sus amigos en Ruta Maya. Escuche lo que dice María de lo que ocurrió el fin de semana pasado cuando todos estuvieron en el rancho. Luego, escriba por lo menos cuatro oraciones para explicar qué hicieron los amigos en el rancho y tres más para describir cómo se sentían Diego, Cristina, Sara y Laura durante el fin de semana. Recuerde que María va a usar el pretérito para marcar el avance de la acción y el imperfecto para hacer descripciones de fondo.

¿Qué hicieron los amigos en el rancho?

1. _____

2. _____

3. _____

4. _____

¿Cómo se sentían?

5. _____

6. _____

7. _____

B. Vocabulario del tema. Va a escuchar una serie de oraciones. Va a oír cada oración dos veces. Empareje cada oración que oiga con la afirmación escrita más apropiada. (Las respuestas se dan en la cinta.)

a. Es necesario ser capaz y estar dispuesto a trabajar muy duro.

b. Las bromas y los chistes le encantan.

c. Muchos van a dejar de charlar con esa persona.

d. Hay que establecer metas financieras para tener éxito económico.

e. Se debe dormir lo suficiente para no enfermarse.

1. _____   2. _____   3. _____   4. _____   5. _____

Puntos clave

G A. Los gustos. Escuche cada una de las siguientes oraciones e indique la opción que mejor corresponda. (Las respuestas se dan en la cinta.)

1. ☐ las revistas de chismes	☐ la sinfonía
2. ☐ los conciertos al aire libre	☐ la danza moderna
3. ☐ la comida picante	☐ las comidas exóticas
4. ☐ hacer ejercicios aeróbicos	☐ los estudios
5. ☐ las horas que Diego pasa en «Tesoros»	☐ el amor al trabajo que tiene Diego
6. ☐ velar	☐ los estrenos de sus conciertos

B. Dictado. Escuche la siguiente serie de oraciones. Va a oír cada oración dos veces. Mientras Ud. escuche la segunda vez, escriba lo que oiga. Luego, identifique cuál de los puntos clave se representa en cada oración. Puede escuchar las oraciones más de una vez, si quiere.

Puntos clave:

D descripción

C comparación

R reacciones y recomendaciones

P narración en el pasado

G hablar de los gustos

H hacer hipótesis

F hablar del futuro

1. _____

_____

2. _____

_____

3. _____

_____

4. _____

_____

5. _____

_____

Para escuchar mejor: Mercedes Sosa

ANTES DE ESCUCHAR

❖**A. Anticipar la información.** Ud. va a escuchar parte de una conferencia sobre la vida de la cantante argentina Mercedes Sosa. Antes de escuchar, indique las palabras a continuación que Ud. cree que podría escuchar durante la conferencia.

☐ un concurso   ☐ las relaciones amorosas

☐ los dictadores militares   ☐ el rock

☐ el estilo   ☐ la salud

☐ el exilio   ☐ el tango

☐ el éxito   ☐ la terapia

☐ la justicia social   ☐ la voz

☐ la música tradicional

B. Vocabulario en contexto. Escuche las siguientes cuatro oraciones tomadas de la conferencia. Después de oír cada una dos veces, escriba el número que oiga en la oración.

1. _____   2. _____   3. _____   4. _____

¡A ESCUCHAR!

A. Comprensión. Ahora escuche la conferencia sobre Mercedes Sosa. Luego, indique si las siguientes oraciones son ciertas (C) o falsas (F) según lo que Ud. oyó en la conferencia.

1. _____ Mercedes Sosa nació en Bolivia y ahora vive en la Argentina.

2. _____ La música folclórica de los Andes tiene mucha influencia en Mercedes Sosa.

3. _____ La «nueva canción» protesta contra las injusticias sociales.

4. _____ Mercedes Sosa es una de las cantantes más importantes de la «nueva canción».

5. _____ Mercedes Sosa canta casi exclusivamente música tradicional de la Argentina.

❖**B. ¡Apúntelo!**

Paso 1. Ahora rebobine la cinta y vuelva a escuchar la conferencia. Tome apuntes sobre lo que oiga, usando la siguiente tabla como guía.

Mercedes Sosa

biografía	
la época de la «nueva canción»	
estilo y temas actuales	

Paso 2. Ahora haga un breve resumen del contenido de la conferencia, usando sus apuntes como guía.

_____

_____

_____

_____

_____

_____

_____

CAPITULO 5

PRACTICA ESCRITA

Vocabulario del tema

A. Lo contrario. Escriba la letra de cada palabra de la Columna B que corresponda a la palabra opuesta de la Columna A.

COLUMNA A

1. ____ fortalecer
2. ____ culpable
3. ____ salvar
4. ____ alarmante
5. ____ desilusionado/a
6. ____ valioso/a
7. ____ escaso/a
8. ____ apático/a

COLUMNA B

a. tranquilizador(a)
b. debilitar
c. encantado/a
d. abundante
e. inocente
f. despreciable
g. dañar
h. activo/a

B. ¿Cuál no pertenece? Indique la palabra que no pertenece a cada uno de los siguientes grupos de palabras. Luego, escriba una oración para explicar o mostrar por qué no pertenece.

1. el analfabetismo, la desnutrición, el desempleo, el derecho

_____

2. colaborar, defraudar, contribuir, salvar

_____

3. involucrado, desilusionado, apático, indeciso

_____

4. el delito, el sospechoso, la sede, el testigo

_____

❖**C. Oraciones compuestas.** Escriba un comentario sobre cada una de las cuatro palabras a continuación. Use dos verbos y un conector de la siguiente lista en cada oración.

MODELO: el narcotraficante →
La editora de la prensa conservadora se enteró de que su novio era narcotraficante, y por eso rompió con él.

VERBOS:		CONECTORES:
chocar con	enterarse	además
colaborar con	opinar	para que
cometer	prometer	por eso
compadecer	romper con	por lo tanto
conseguir	salvar	por otro lado
defraudar	tener la culpa	sin embargo
despreciar		y
		ya que

1. las pandillas _____

2. los narcotraficantes _____

3. los rehenes _____

4. el testigo _____

❖D. **Asociaciones.** Escriba dos palabras que se asocien con cada una de las siguientes palabras.

1. la prensa _____   _____

2. la asistencia pública _____   _____

3. el SIDA _____   _____

❖E. **Definiciones.** Escriba una definición en español para cada una de las siguientes palabras.

1. la huelga _____

2. aguantar _____

3. apático _____

4. el analfabetismo _____

F. **El mundo actual.** Complete la siguiente descripción de las preocupaciones del padre de Laura. Llene cada espacio en blanco con la palabra apropiada de la lista a continuación.

alarmante	desarrollo	medios de comunicación
atentados	desilusionada	peligroso
colaborar	desnutrición	reportajes
crimen	estadísticas	voluntaria
desalentadores	huelgas	

Hay muchas personas que piensan que la situación actual en el mundo es _____.[1] El

padre de Laura, por ejemplo, siempre está leyendo _____[2] y _____[3]

que hablan de terrores como los _____[4] contra el gobierno, el _____,[5]

las _____[6] de los trabajadores insatisfechos, la _____[7] de los niños y

otros temas _____[8] que aparecen en los _____.[9] Después, como sabe

que Laura quiere ofrecerse como _____[10] para trabajar en Latinoamérica, trata de

convencerla de que viajar allí es demasiado _____.[11] A pesar de los aspectos

negativos, Laura no se siente _____[12] y sigue pensando que ella puede

_____[13] con las instituciones que luchan a favor del _____[14] positivo

de Latinoamérica.

❖G. Soluciones. Complete las siguientes oraciones, haciendo una recomendación para resolver cada problema. Recuerde que se usa el subjuntivo después de **para que**.

1. los abusos contra los derechos humanos:

   Amnistía Internacional sugiere que _____

   para que _____

2. las pandillas:

   El superintendente de las escuelas de Los Angeles recomienda que _____

   _____

   para que _____

3. el SIDA:

   El Ministro de Salud piensa que _____

   para que _____

Puntos clave

PRACTICA DE FORMAS VERBALES

> Antes de empezar esta sección, vea Explicación gramatical en las páginas verdes, al final de su libro de texto, para repasar los puntos clave y otros puntos gramaticales.

A. Práctica de conjugación. Complete la siguiente tabla con las conjugaciones apropiadas de los verbos indicados.

	presente	pretérito	imperfecto	presente perfecto	futuro/ condicional	presente de subjuntivo	imperfecto de subjuntivo
1. **aguantar (yo)**							
2. **compadecer (nosotros)**							
3. **valer (ella)**							
4. **enterarse (yo)**							
5. **chocar (ellos)**							
6. **contribuir (tú)**							

B. Traducciones. Traduzca las siguientes oraciones. Recuerde que se colocan los pronombres de complemento directo e indirecto antes del verbo conjugado o después de y conectado con el infinitivo, el gerundio o el mandato afirmativo.

MODELO: I write it (*f.*). → (Yo) La escribo.

I'm writing it. → La estoy escribiendo. / Estoy escribiéndola.

Write it (**tú**). → Escríbela.

Don't write it (**Uds.**). → No la escriban.

1. I strengthen it (*m*). _____

2. I'm strengthening it. _____

3. I strengthened it. _____

4. I used to strengthen it. _____

5. I have strengthened it. _____

6. I will strengthen it. _____

7. I would strengthen it. _____

8. She suggests that I strengthen it. _____

9. She suggested that I strengthen it. _____

10. Strengthen it. (**tú**) _____

11. Don't strengthen it. (**Uds.**) _____

12. Let's strengthen it. _____

EL PUNTO CLAVE PRINCIPAL: HACER HIPOTESIS

A. Si fuera posible... Cambie cada una de las siguientes oraciones para hacer una hipótesis.

MODELO: Si me salva la vida, se lo agradeceré. →
Si me salvara la vida, se lo agradecería.

1. Si mi madre se entera de mis problemas, se enojará conmigo.

_____

2. Si las leyes cambian, los inmigrantes perderán sus derechos.

_____

3. Si el dictador es culpable, lo matarán.

_____

4. Si las estadísticas indican que la deuda ha aumentado, tendremos que pagar más impuestos.

_____

❖**B. ¿Qué haría si... ?**

Paso 1. Indique lo que Ud. haría en cada una de las siguientes situaciones.

1. Si leyera una noticia alarmante, _____.

   a. me preocuparía
   b. prometería hacer algo
   c. no me preocuparía mucho

2. Si alguien me pidiera ayuda con un proyecto clandestino, _____.

   a. no pensaría en ello
   b. ayudaría sin dudarlo ni un minuto
   c. no sé qué haría

3. Si viera un crimen en la calle, _____.

   a. trataría de detener al criminal
   b. saldría corriendo
   c. llamaría a la policía

4. Si estuviera desilusionado/a debido a alguna situación desagradable de mi universidad, _____.

    a. participaría en una huelga
    b. organizaría una manifestación
    c. escribiría un reportaje para el periódico de la universidad

Paso 2. Basándose en algunas de las respuestas anteriores, describa en por lo menos tres oraciones su propio nivel (*level*) de activismo y de compromiso social.

_____

_____

_____

_____

_____

_____

C. La hipótesis

Paso 1. Forme oraciones hipotéticas improbables basadas en las hipótesis probables a continuación.

    MODELO: Si voy a España, visitaré El Prado en Madrid. →
                Si fuera a España, visitaría El Prado en Madrid.

1. Si Sergio recibe una invitación, irá al Festival Musical en Viña del Mar en Chile.

    _____

2. Si Javier vuelve a Puerto Rico, se casará con una puertorriqueña.

    _____

3. Si Sergio está en Pamplona en julio, correrá con los toros.

    _____

4. Si los estudiantes ven las momias en el Museo de Guanajuato, se quedarán helados (*in disbelief*).

    _____

Paso 2. Ahora traduzca al inglés los dos verbos de cada oración original (probable) y de cada oración hipotética (improbable) que Ud. escribió en el Paso 1.

    MODELO: probable → I go, I will visit   improbable → I went (were to go), I would visit

1. probable _____   improbable _____
2. probable _____   improbable _____
3. probable _____   improbable _____
4. probable _____   improbable _____

❖**D. ¿Qué haría la gente?** Describa lo que haría cada una de las siguientes personas si hubiera un golpe de estado contra un dictador fascista. Puede utilizar ideas de la lista a continuación o inventar sus propias respuestas.

        colaborar con los rebeldes   escaparse a la jungla
        declararse presidente   esconderse
        dedicarse a la revolución   hacer de voluntario/a
        donar dinero a los revolucionarios   irse a Suiza (*Switzerland*)
        encarcelar (*to imprison*) a los culpables

MODELO: el líder militar → El líder militar se declararía presidente del país.

1.   el dictador

_____

2.   un ciudadano rico / una ciudadana rica

_____

3.   un ciudadano analfabeto / una ciudadana analfabeta

_____

4.   un(a) narcotraficante

_____

5.   un voluntario / una voluntaria del Cuerpo de Paz

_____

6.   el gobierno de los Estados Unidos

_____

LOS OTROS PUNTOS CLAVE

A.   Descripción.   Complete la siguiente descripción de la prensa. Llene cada espacio en blanco con la forma apropiada de la palabra entre paréntesis.

La prensa es una institución _____[1] (moderno) cuya meta es darle información

_____[2] (práctico) al público. Sus reportajes sobre los acontecimientos

_____[3] (actual) pueden abrirles los ojos a las personas _____[4]

(inteligente) y sus editoriales _____[5] (escandaloso) a veces cambian la manera de

pensar de la gente. Si yo fuera reportero, escribiría sobre los políticos _____[6]

(corrupto), los narcotraficantes _____[7] (polémico) y las pandillas _____[8]

(peligroso) porque son temas que están de moda. Sin embargo, ya que sólo soy un ciudadano

_____[9] (común), sólo puedo leer los artículos sobre estos asuntos

_____[10] (crítico).

B.   Comparación.   Escriba una comparación entre el presidente actual de este país y uno del pasado, usando las siguientes palabras.

MODELO: polémico → El presidente actual es más polémico que Jimmy Carter.

1.   soberbio _____

2.   indeciso _____

3.   hacer de voluntario _____

4.   prometer _____

C. Reacciones y recomendaciones. Escriba una reacción (a.) y una recomendación (b.) para cada uno de los siguientes titulares, sin repetir los verbos y expresiones en sus oraciones.

> MODELO: Cinco mueren durante una manifestación pacífica →
> a. ¡Qué triste que cinco personas hayan muerto!
> b. Es importante que la policía no imponga métodos de control violentos.

1. Aumenta la tasa de analfabetismo en los Estados Unidos

   a. _____

   b. _____

2. La gente joven opina que no vale la pena votar

   a. _____

   b. _____

3. Según las últimas encuestas, la mayoría de los ciudadanos están desilusionados con los candidatos presidenciales

   a. _____

   b. _____

D. Narración en el pasado

Mire los siguientes dibujos que muestran lo que les pasó a Laura y a Sara mientras trabajaban de voluntarias para recaudar (*to raise*) fondos para salvar el bosque lluvioso de Costa Rica.

Paso 1. Apunte los verbos que forman «la columna» de la historia y los que describen «la carne.»

1.

2.

3.

4.

5.

Palabra útil: pegar (*to hit*)

LA COLUMNA	LA CARNE
_____	_____
_____	_____
_____	_____
_____	_____
_____	_____

Paso 2. Con los verbos que apuntó en el Paso 1, escriba una narración de lo que pasó.

_____

_____

_____

_____

_____

_____

_____

E. Hablar de los gustos. Haga oraciones completas usando las indicaciones a continuación.

MODELO: Sara / encantar / canciones de Miguel Bosé →
A Sara le encantan las canciones de Miguel Bosé.

1. Laura / molestar / consejos de su padre

_____

2. Javier / fascinar / charlar con los clientes de Ruta Maya

_____

3. Sergio y Diego / interesar / fiestas familiares

_____

4. Sara y Laura / importar / bienestar del planeta

_____

5. los cinco amigos / encantar / reunirse en Ruta Maya siempre que pueden

_____

❖**F. Hablar del futuro.** ¿Cómo cambiará la situación política de este país en los próximos veinte años? Escriba una oración sobre el futuro para cada una de las siguientes situaciones.

1. los préstamos para estudiantes universitarios

_____

2. el matrimonio entre miembros del mismo sexo

_____

3. la igualdad de oportunidades en el trabajo

_____

G. Traducción. Traduzca las siguientes oraciones al español.

1. Laura's father doesn't want her to go to Colombia because the violence bothers him and he doesn't think it's worth it to take the risk.

   _____

   _____

2. If you volunteered in Latin America, you would learn Spanish fast and you would work with many fascinating people.

   _____

   _____

❖Reciclaje del vocabulario y los puntos clave

Escriba una oración sobre las armas de guerra para cada punto clave. Puede basarse en la tira cómica del Capítulo 5 del libro de texto o puede usar sus propias ideas. Use una palabra de la lista en cada oración. Tres de las diez oraciones deben ser preguntas. ¡Sea creativo/a!

el bienestar	deprimente	merecer
capaz	dispuesto/a	posponer
confiar en	evitar	preocupante
dañino/a	la inquietud	reunirse con

D DESCRIBIR

1. descripción: _____

   _____

C COMPARAR

2. comparación: _____

   _____

R REACCIONAR RECOMENDAR

3. reacción: _____

   _____

R REACCIONAR RECOMENDAR

4. recomendación: _____

   _____

P PASADO

5. narración en el pasado: _____

   _____

G GUSTOS

6. hablar de los gustos: _____

   _____

H HIPÓTESIS

7. hacer hipótesis: _____

   _____

F FUTURO

8. hablar del futuro: _____

   _____

❖Portafolio de lecturas (Optativo)

Busque y lea otro artículo sobre el país que escogió en el Portafolio de lecturas del Capítulo 1. Luego, complete el siguiente formulario sobre el artículo.

Nombre e información bibliográfica del artículo:

título _____

revista _____ número _____ fecha _____ páginas _____

Resumen del artículo:

_____

_____

_____

_____

_____

_____

_____

_____

_____

_____

Vocabulario nuevo y su significado en el contexto del artículo:

_____   _____

_____   _____

_____   _____

¿Cuáles son sus reacciones? Puede usar las siguientes frases, si quiere.

Es interesante / increíble / ridículo / evidente que...   por lo tanto
(No) Creo que...   porque
(No) Me gusta que...   sin embargo
                                                            por eso
                                                            a menos que
                                                            hasta que

_____

_____

_____

Evaluación del artículo: 1   2   3   4   5   6   7   8   9   10

❖ ¡A escribir! (Optativo)

Una reseña. Mire una película que trate de una situación política del mundo hispano. Escriba una reseña de esa obra que incluya por lo menos cinco de los siguientes puntos:

 Describa a un personaje interesante de la película.

 Compare a dos o más personajes de la película.

R ¿Cómo reaccionó Ud. y qué le recomienda al director?

P ¿Qué pasó en una escena clave?

G ¿Qué le gustó y qué le molestó de la película o de algún personaje?

F G ¿Cómo se recibirá esa película en su comunidad? ¿Cuáles son las partes que les gustarán y cuáles son las partes que les molestarán a las personas de su comunidad?

H Si Ud. fuera el director / la directora, ¿qué cambiaría de la película?

Debe usar los conectores apropiados para darle la coherencia necesaria al artículo. A continuación hay algunas sugerencias de películas:

> *El hombre mirando al sureste, La historia oficial, Romero, El norte, Havana, ¡Ay Carmela!*
> *Camila, La casa de los espíritus, Los de abajo, The Burning Season, The Milagro Beanfield War*

_____

_____

_____

_____

_____

_____

_____

_____

_____

_____

CAPITULO **5**

 PRACTICA ORAL

❖ Trabalenguas

H Lea y escuche las siguientes oraciones. Va a oírlas dos veces. Repita cada una después de oírla la segunda vez.

1. Si la metedura de pata de Petra **fuera** menos problemática, la **perdonaría.**

2. Elena **evitaría** el estrés si **estuviera** menos enojada con el éxito de su ex esposo.

3. Pedro **perdería** menos tiempo si **empleara** a Paula para que preparara el presupuesto.

4. Victoria **volvería** de sus vacaciones para hacer de voluntaria si no **fuera** tan vaga.

5. Si Chema **chocara** con un carro caro, **continuaría** conduciendo hacia su condo para esconderse. Es cobarde.

Situaciones

P **A. María Metiche.** Como siempre, María Metiche escucha todo lo que pasa en Ruta Maya. Escuche lo que dice María de los problemas que Laura ha tenido con su padre. Luego, escriba cinco oraciones para describir qué hicieron Laura y su padre y tres más sobre cómo se sentían los dos. Recuerde que María va a usar el pretérito para marcar el avance de la acción y el imperfecto para hacer descripciones de fondo.

¿Qué hicieron Laura y su padre?

1. _____
2. _____
3. _____
4. _____
5. _____

¿Cómo se sentían los dos?

6. _____
7. _____
8. _____

R **B. Vocabulario del tema.** Lea las oraciones a continuación y escuche cada uno de los titulares. Luego, escriba la letra de la reacción más apropiada en el espacio en blanco correspondiente. (Las respuestas se dan en la cinta.)

a. Es alarmante que haya tanta hambre y pobreza.

b. Es triste que los ciudadanos sufran debido a los conflictos internacionales que causa la dictadura.

c. Es horrible que la venta de drogas siga a pesar de los esfuerzos internacionales.

d. Es importante que sigamos tratando de erradicar esta enfermedad.

e. Es evidente que los candidatos tienen enemigos en esta ciudad.

1. _____ 2. _____ 3. _____ 4. _____ 5. _____

Puntos clave

H **A. La campaña contra la pobreza.** Escuche cada oración y luego indique si el verbo expresa una idea posible o improbable. (Las respuestas se dan en la cinta.)

ES POSIBLE.   ES IMPROBABLE.

1.   ☐   ☐

2.   ☐   ☐

3.   ☐   ☐

4.   ☐   ☐

5.   ☐   ☐

B. Dictado. Escuche la siguiente serie de oraciones. Va a oír cada oración dos veces. Mientras Ud. escuche la segunda vez, escriba lo que oiga. Luego, identifique cuál de los puntos clave se representa en la oración. Puede escuchar las oraciones más de una vez, si quiere.

Puntos clave:

D descripción

C comparación

R reacciones y recomendaciones

P narración en el pasado

G hablar de los gustos

H hacer hipótesis

F hablar del futuro

1. _____

_____

2. _____

_____

3. _____

_____

4. _____

_____

5. _____

_____

Para escuchar mejor: La gente indígena del Ecuador

ANTES DE ESCUCHAR

❖**A. Anticipar la información.** Ud. va a escuchar parte de una conferencia sobre las nuevas actividades políticas de la gente indígena del Ecuador. Antes de escuchar, anote cinco palabras de vocabulario que Ud. cree que podría oír durante la conferencia.

1. _____

2. _____

3. _____

4. _____

5. _____

B. Vocabulario en contexto. Escuche las siguientes cuatro oraciones tomadas de la conferencia. Después de oír cada una dos veces, escriba el número que oiga en la oración.

1. _____ 2. _____ 3. _____ 4. _____

¡A ESCUCHAR!

A. Comprensión. Ahora escuche la conferencia sobre la gente indígena. Luego, indique la opción que *no* es apropiada para completar cada oración a continuación.

1. Los grupos indígenas tienen diversas _____.

    a. costumbres   b. lenguas   c. comidas

2. Tienen problemas parecidos, como _____.

    a. la falta de dinero   b. la violencia   c. la falta de trabajo

3. La confederación (CONAIE) quiere mejorar la situación de _____.

    a. la educación   b. los derechos humanos   c. las mujeres

4. La conferencia menciona _____.

    a. nuevas leyes   b. organizaciones indígenas   c. problemas sociales

❖**B. ¡Apúntelo!**

Paso 1. Ahora rebobine la cinta y vuelva a escuchar la conferencia. Tome apuntes sobre lo que oiga, usando el siguiente bosquejo (*outline*) como guía.

I. Los grupos indígenas del Ecuador

    A. número de nacionalidades diferentes:

    B. características que las separan:

    C. características que comparten:

II. La CONAIE

    A. significado del nombre:

    B. metas principales:

III. Pachacútic

    A. significado del nombre:

    B. metas principales (cuatro revoluciones):

    C. logros en las elecciones:

Paso 2. Ahora haga un breve resumen del contenido de la conferencia, usando sus apuntes como guía.

_____

_____

_____

_____

_____

_____

_____

_____

CAPITULO **6**

✏ PRACTICA ESCRITA

Vocabulario del tema

A. Lo contrario. Escriba la letra de cada palabra de la Columna B que corresponda a la palabra opuesta de la Columna A.

COLUMNA A

1. _____ la riqueza
2. _____ curar
3. _____ benéfico/a
4. _____ sobrevivir
5. _____ el porvenir
6. _____ el caos
7. _____ el adelanto
8. _____ agotar
9. _____ ingenioso/a
10. _____ dejar de

COLUMNA B

a. obtener
b. dañino/a
c. el pasado
d. el orden
e. la pobreza
f. la regresión
g. tonto/a
h. enfermar
i. empezar a
j. morir

B. El congreso. Complete cada una de las siguientes oraciones con la forma apropiada de la palabra más apropiada entre paréntesis.

1. Ahora que Sergio está a cargo del congreso, está buscando todos los fondos _____

   (disponible / insalubre) para asegurar que sea exitoso.

2. Un _____ (ingenioso/inesperado) número de grupos musicales ha prometido

   _____ (aportar/agotar) su música al congreso.

3. Cada día Sergio busca maneras de _____ (asustar / recaudar) fondos para el

   congreso.

4. A través de _____ (el teletrabajo / la autopista de la

   información), Sergio ha podido juntar mucho material para el congreso.

5. La semana que viene Sara empezará a anunciar los discursos sobre _____ (los

   videntes / la desforestación) que hará la asociación de ecología.

C. Las definiciones

Paso 1. Complete cada definición a continuación con el pronombre relativo apropiado de la siguiente lista. Luego, escriba la palabra del Vocabulario del tema definida.

cuyo/a(s), lo que, que

MODELO: Es _____ hace un vidente. → lo que, predecir/adivinar

1. Es una criatura _____ planeta es la Tierra. _____

2. Es _____ hay cuando demasiados niños nacen. _____

3. Son las cosas _____ son necesarias para mantener el equilibrio del planeta.

   _____

4. Es _____ trata de hacer un médico cuando alguien está enfermo.

   _____

5. Es _____ existe cuando no hay leyes ni orden en la sociedad. _____

6. Es un objeto _____ se usa para adivinar el futuro. _____

❖**Paso 2.** Escriba una definición en español para cada una de las siguientes palabras del Vocabulario del tema. Utilice un pronombre relativo en cada definición.

1. sagrado: _____

   _____

2. el adelanto: _____

   _____

3. el teletrabajo: _____

   _____

❖**D. Oraciones compuestas.** Escriba un comentario sobre cada una de las cuatro palabras a continuación. Use una palabra de las siguientes listas en cada oración.

MODELO: los recursos naturales → Cuando agotemos los recursos naturales, será horripilante.

ADJETIVOS:	VERBOS:	CONECTORES:
disponible	agotar	antes de que
horripilante	alcanzar	con tal de que
innovador(a)	curar	cuando
insalubre	recaudar fondos	después de que
intrigante	reemplazar	en cuanto
sagrado/a	sobrevivir	

1. la desforestación: _____

   _____

2. los teletrabajos: _____

   _____

3. el bosque lluvioso: _____

   _____

4. el reciclaje: _____

   _____

❖**E. ¿Qué harán?**   Indique lo que harán las siguientes personas en el futuro. Puede usar ideas de la lista a continuación o ideas originales.

> clonar a los hijos de Madonna y Michael Jackson
> hacer inversiones en las compañías de basura orgánica
> predecir las innovaciones tecnológicas
> quitar los tatuajes sin dejar cicatrices
> recaudar fondos para salvar el bosque lluvioso de Costa Rica
> reciclar los cepillos de dientes (*toothbrushes*)

1. un representante de Greenpeace: _____

 _____

2. los voluntarios ecológicos: _____

 _____

3. un vidente: _____

 _____

4. un científico loco: _____

 _____

Puntos clave

PRACTICA DE FORMAS VERBALES

> Antes de empezar esta sección, vea Explicación gramatical en las páginas verdes, al final de su libro de texto, para repasar los puntos clave y otros puntos gramaticales.

A. Práctica de conjugación.   Complete la siguiente tabla con las conjugaciones apropiadas de los verbos indicados.

	presente	pretérito	imperfecto	presente perfecto	futuro/ condicional	presente de subjuntivo	imperfecto de subjuntivo
1. alcanzar (yo)							
2. predecir (nosotros)							

(continued)

	presente	pretérito	imperfecto	presente perfecto	futuro/ condicional	presente de subjuntivo	imperfecto de subjuntivo
3. **superarse (ella)**							
4. **recaudar (yo)**							
5. **reemplazar (ellos)**							
6. **adivinar (tú)**							

B. Traducciones.   Traduzca las siguientes oraciones. Recuerde que se colocan los objetos directos e indirectos antes del verbo conjugado o después de y conectado con el infinitivo, el gerundio o el mandato afirmativo.

> MODELO: I write it (*f.*). → (Yo) La escribo.
>
> I'm writing it. → La estoy escribiendo. / Estoy escribiéndola.
>
> Write it (**tú**). → Escríbela.
>
> Don't write it (**Uds.**). → No la escriban.

1.   You (**Tú**) frighten me. _____

2.   You are frightening me. _____

3.   You frightened me. _____

4.   You used to frighten me. _____

5.   You have frightened me. _____

6.   You will frighten me. _____

7.   You would frighten me. _____

8.   I don't want you to frighten me. _____

9.   I didn't want you to frighten me. _____

10. Frighten me (**tú**). _____

11. Don't frighten me (**Uds.**). _____

12. Let's frighten them (*m.*). _____

EL PUNTO CLAVE PRINCIPAL: HABLAR DEL FUTURO

A. La sobrepoblación. Complete el siguiente discurso dado en el congreso «Las Américas en el siglo XXI» con la forma apropiada de cada verbo entre paréntesis. **¡OJO!** No todos los verbos necesitan la forma del futuro.

Quiero hablarles del futuro del planeta con respecto a la amenaza de la sobrepoblación. Si el crecimiento demográfico _____[1] (seguir), _____[2] (haber) muchos problemas inevitables. A causa de la sobrepoblación, en el futuro _____[3] (*nosotros: tener*) que aumentar la desforestación para que _____[4] (haber) suficiente espacio para los habitantes del mundo. Como consecuencia, en las áreas urbanas la contaminación _____[5] (aumentar). Sin embargo, _____[6] (*nosotros: poder*) disminuir la destrucción de los recursos naturales si todos nosotros _____[7] (reciclar). Cuando la gente _____[8] (tomar) conciencia de la seriedad del problema, _____[9] (*nosotros: tener*) un mundo mejor. Si nadie _____[10] (decidirse) a tomar la iniciativa, el mundo _____[11] (sufrir).

B. Las consecuencias. Complete cada oración a continuación según su propia opinión. Use el futuro del verbo entre paréntesis para la cláusula principal. Puede usar ideas de la lista o ideas originales.

alcanzar nuestras metas	haber mucho crimen
dejar de dudar de la vida en otros planetas	sentirse deprimido/a
empezar a reciclar en serio	tener que mandar la basura a la Luna

1. A menos que _____ (haber) más reciclaje, nosotros

_____

2. Antes de que _____ (agotarse) los recursos naturales, la sociedad

_____

3. Hasta que no _____ (eliminarse) la desigualdad entre las clases sociales,

_____

4. En cuanto _____ (*yo: ver*) un OVNI (*UFO*),

_____

5. Después de que la vidente _____ (decirme) mi porvenir,

_____

C. ¿Qué pasará?

Paso 1. Lea las siguientes oraciones y escriba la explicación entre paréntesis más lógica para cada situación. Debe usar el futuro del verbo.

1. Javier, que por lo general es muy responsable, no ha llegado todavía a una entrevista de trabajo que tiene con un periódico local. (haber mucho tráfico / no importarle / darle asco)

   _____

2. Sara no está en el congreso cuando Sergio la busca. (tener palanca / estar atrasada / tener éxito)

   _____

3. Las artesanías de Diego se están vendiendo muy bien durante el congreso. (dañar sus planes / estar emocionado / velar)

   _____

4. Laura tiene un estado de ánimo muy bajo. (disfrutar del congreso / reírse a carcajadas / tener un problema)

   _____

5. Hace cuatro horas que Sergio espera a Sara. (importarle un pepino / estar orgulloso / estar harto)

   _____

❖**Paso 2.** Ahora use su imaginación para explicar lo que estará pasando en cada una de las siguientes situaciones.

1. Sara tenía una cita a las 8:00 con un chico. Ya son las 9:00 y él todavía no ha llegado.

   _____

2. Javier decidió que no quería volver a vivir en Puerto Rico. Su madre

   _____

3. Sergio firmó un contrato por 5.500 dólares para representar a Dr. Loco and His Rockin' Jalapeño Band en su gira mundial (*world tour*). Sergio

   _____

4. Hace dos semanas que Laura no recibe una carta de Manuel.

   _____

5. Diego tiene que emplear a más dependientes para que trabajen en «Tesoros».

   _____

LOS OTROS PUNTOS CLAVE

A. Descripción. Complete el siguiente párrafo con la forma apropiada de cada palabra entre paréntesis.

La realidad virtual puede llegar a cambiar nuestras vidas de una manera alucinante. Está claro que

ofrece _____[1] (mucho) posibilidades para el futuro. Es posible que en

_____[2] (poco) años se pueda hacer viajes _____[3] (virtual) desde casa.

_____[4] (Alguno) personas hasta predicen que los viajes tradicionales se harán

_____[5] (obsoleto). Mientras estos adelantos son considerados _____[6]

(innovador) e _____7 (ingenioso) por algunas personas, otras dicen que los resultados

_____8 (inesperado) de estas invenciones pueden ser _____9

(insalubre) y hasta _____10 (horripilante). Tenemos que estar _____11

(listo) para enfrentar los líos que pueden causar las novedades _____12 (tecnológico),

pero yo creo que todo problema puede ser _____13 (superado) con el genio humano.

❖**B. Comparación.** Haga comparaciones entre las siguientes cosas, actividades o temas. Puede usar los adjetivos o verbos entre paréntesis u otros adjetivos o verbos que le parezcan útiles. Debe escribir una comparación de desigualdad (a.), una de igualdad (b.) y un superlativo (c.).

> MODELO: la basura, la desforestación, la sobrepoblación (dañino/a / problemático/a / insalubre...)
> a. La basura es menos dañina para el medio ambiente que la desforestación.
> b. La basura es tan problemática como la sobrepoblación.
> c. La desforestación es la más dañina de todas.

1. el teletrabajo, las novedades, la realidad virtual (inútil / ingenioso/a / disponible...)

   a. _____

   b. _____

   c. _____

2. Oscar Arias, Rigoberta Menchú, Bill Clinton (involucrado/a / trabajador(a) / fascinante...)

   a. _____

   b. _____

   c. _____

3. recaudar fondos, hacer de voluntario, ser revolucionario (aportar / interesar / involucrar...)

   a. _____

   b. _____

   c. _____

❖**C. Reacciones y recomendaciones.** Escriba una reacción (a.) y una recomendación (b.) para cada uno de los siguientes titulares que aparecen en un periódico del año 2050. No repita los verbos y expresiones que use en sus oraciones.

> MODELO: Un vidente predice las uniones intergalácticas →
> a. Es increíble que haya comunicación entre las poblaciones de diferentes planetas.
> b. Es importante que los líderes mantengan relaciones pacíficas.

1. La realidad virtual ha eliminado la necesidad de viajar

   a. _____

   b. _____

2. A causa de los adelantos tecnológicos, todo el mundo hace uso del teletrabajo: Ya nadie va a las oficinas

   a. _____

   b. _____

3. El nuevo orden mundial elimina las fronteras entre los países

a. _____

b. _____

4. Mañana el mundo vota para escoger el idioma mundial: ¿El chino, el español o el inglés?

a. _____

b. _____

❖D. Narración en el pasado

Paso 1. Imagínese que es el año 2020 y los cinco amigos se reunieron anoche para celebrar algo. ¿Qué celebraron? ¿Qué hicieron para celebrarlo? ¿Cómo se sentían al reunirse? Apunte los verbos que van a formar «la columna» de la historia y los que van a describir «la carne».

LA COLUMNA	LA CARNE
_____	_____
_____	_____
_____	_____
_____	_____
_____	_____

Paso 2. Con los verbos que apuntó en el Paso 1, escriba una narración de lo que pasó.

_____

_____

_____

_____

_____

_____

_____

_____

❖E. Hablar de los gustos. Explique lo que opinan las siguientes personas o entidades sobre los temas indicados. Utilice los verbos y expresiones de la lista y un conector para explicar las opiniones.

MODELO: los estudiantes: la autopista de la información →
A los estudiantes les fascina que haya tantos recursos académicos disponibles en la autopista de la información porque los ayudan mucho con sus estudios.

aburrir	encantar	interesar
dar asco	fascinar	importar
disgustar	fastidiar	preocupar
emocionar		

1. mis amigos y yo: el porvenir _____

   _____

2. el presidente: las fronteras _____

   _____

3. la Organización de Naciones Unidas (la ONU): la sobrepoblación _____

   _____

4. el NAACP (*National Association for the Advancement of Colored People*): la desigualdad _____

   _____

5. Oscar Arias y Rigoberta Menchú: la paz _____

   _____

F. Hacer hipótesis. Complete las siguientes oraciones para explicar qué haría cada uno de los amigos en cada situación. Escriba la forma apropiada de cada verbo entre parentesis y use sus propias ideas para completar la hipótesis.

1. Si _____ (ir) a consultar con un vidente, Javier _____

   _____ porque _____

2. Si los pueblos pequeños de México _____ (tener) acceso al Internet, Diego

   _____ ya que _____

3. Si Laura _____ (saber) su porvenir, ella _____

   _____ puesto que _____

4. Si los viajes a través de la realidad virtual _____ (estar) disponibles, Sara

   _____ porque _____

5. Si Sergio _____ (querer) recaudar fondos, él _____

   _____ puesto que _____

G. Traducción. Traduzca las siguientes oraciones al español.

1. When you (**tú**) are 50 years old, there will be many ingenious advancements that will make your life easier than your present life.

   _____

   _____

2. The government recommends that you (**Ud.**) stop using up natural resources since they are going to disappear quickly.

   _____

   _____

❖Reciclaje del vocabulario y los puntos clave

Escriba una oración sobre los videntes y los métodos de adivinar el porvenir para cada punto clave. Puede basarse en la tira cómica del Capítulo 6 del libro de texto o puede usar sus propias ideas. Use una palabra de la lista en cada oración. Tres de las diez oraciones deben ser preguntas. ¡Sea creativo/a!

alarmante	duro/a	prometer
asustado/a	enterarse	el riesgo
defraudar	la madrastra	saludable
desilusionado/a	la peluca	soñar con

D DESCRIBIR

1. descripción: _____

_____

C COMPARAR

2. comparación: _____

_____

R REACCIONAR RECOMENDAR

3. reacción: _____

_____

R REACCIONAR RECOMENDAR

4. recomendación: _____

_____

P PASADO

5. narración en el pasado: _____

_____

G GUSTOS

6. hablar de los gustos: _____

_____

H HIPÓTESIS

7. hacer hipótesis: _____

_____

F FUTURO

8. hablar del futuro: _____

_____

❖Portafolio de lecturas (Optativo)

Busque y lea un artículo sobre el país que escogió en el Portafolio de lecturas del Capítulo 1. Luego, complete el siguiente formulario sobre el artículo.

Nombre e información bibliográfica del artículo:

título _____

revista _____ número _____ fecha _____ páginas _____

Resumen del artículo:

_____

_____

_____

_____

_____

_____

_____

_____

_____

Vocabulario nuevo y su significado en el contexto del artículo:

_____   _____

_____   _____

_____   _____

¿Cuáles son sus reacciones? Puede usar las siguientes frases, si quiere.

Es interesante / increíble / ridículo / evidente que...   por lo tanto
(No) Creo que...   porque
(No) Me gusta que...   sin embargo
                                                            por eso
                                                            a menos que
                                                            hasta que

_____

_____

_____

Evaluación del artículo: 1   2   3   4   5   6   7   8   9   10

◆ ¡A escribir! (Optativo)

Una reseña. Mire una película que trate de una situación polémica del mundo hispano. Escriba una reseña de esa obra que incluya por lo menos cinco de los siguientes puntos:

 Describa a un personaje interesante de la película.

 Compare a dos o más personajes de la película.

 ¿Cómo reaccionó Ud. y qué le recomienda al director?

 ¿Qué pasó en una escena clave?

 ¿Qué le gustó y qué le molestó de la película o de algún personaje?

 ¿Cómo se recibirá esa película en su comunidad? ¿Cuáles son las partes que les gustarán y cuáles son las partes que les molestarán a las personas de su comunidad?

 Si Ud. fuera el director / la directora, ¿qué cambiaría de la película?

Debe usar los conectores apropiados para darle la coherencia necesaria al artículo. A continuación hay algunas sugerencias de películas:

El hombre mirando hacia el sureste, El Norte, Mi familia, The Pérez Family, Nueva Yol, Salvador

_____

_____

_____

_____

_____

_____

_____

_____

_____

CAPITULO **6**

PRACTICA ORAL

❖Trabalenguas

Lea y escuche las siguientes oraciones. Va a oírlas dos veces. Repita cada una después de oírla la segunda vez.

1. Si Sonia sabe coser súper bien, **sobrevivirá** sin sobresaltos.

2. Isa **irá** al Instituto de Informática cuando Ignacio **vaya** a Irlanda.

3. Vania la vidente **vendrá** a vernos en cuanto **volvamos** de Valencia.

4. Tan pronto como Paulina **pueda, pedirá** permiso para clonar a su perro.

5. Hasta que **haya** habitaciones en el hospital, Horacio **hará** todo lo posible para hospedar a los

   huérfanos en su hotel.

Situaciones

A. María Metiche.   Hoy María Metiche está emocionadísima porque la última conversación que escuchó sobre los cinco amigos confirmó sus sospechas. Escuche lo que dice de sus sospechas. Luego, conteste las preguntas sobre lo que oyó y sobre lo que ya sabe de los cinco amigos. Recuerde que María va a usar el pretérito para marcar el avance de la acción y el imperfecto para hacer descripciones de fondo.

1. ¿Qué contribuyó a que Laura y Javier empezaran a salir juntos?

   Escriba tres oraciones para explicarlo.

   _____

   _____

   _____

2. ¿Cómo reaccionó María Metiche después de confirmar definitivamente que Laura y Javier salían

   juntos?

   _____

3. ¿Cómo se sentían Laura y Javier la primera noche en que bailaron juntos en Calle Ocho? _____

   _____

4. Según lo que Ud. ya sabe, ¿cómo estaba el padre de Laura el día después de oír que Javier

   acompañaría a su hija a Colombia?

   _____

B. Vocabulario del tema. Escuche cada oración y escriba la letra de la respuesta más lógica en el espacio en blanco correspondiente. (Las respuestas se dan en la cinta.)

1. _____
   a. los videntes
   b. la desforestación

2. _____
   a. horripilante
   b. alucinante

3. _____
   a. para clonar seres humanos
   b. para curar el SIDA

4. _____
   a. la amenaza
   b. la autopista de la información

5. _____
   a. de la realidad virtual
   b. de los recursos naturales

Puntos clave

A. Los amigos. Escuche cada oración y luego indique si el verbo expresa una acción habitual, completa o futura. (Las respuestas se dan en la cinta.)

	HABITUAL	COMPLETA	FUTURA
1.	☐	☐	☐
2.	☐	☐	☐
3.	☐	☐	☐
4.	☐	☐	☐
5.	☐	☐	☐
6.	☐	☐	☐

B. Dictado. Escuche la siguiente serie de oraciones. Va a oír cada oración dos veces. Mientras Ud. escuche la segunda vez, escriba lo que oiga. Luego, identifique cuál de los puntos clave se representa en la oración. Puede escuchar las oraciones más de una vez, si quiere.

Puntos clave:

D descripción

C comparación

R reacciones y recomendaciones

P narración en el pasado

G hablar de los gustos

H hacer hipótesis

F hablar del futuro

1. _____

_____

2. _____

_____

3. _____

_____

4. _____

_____

5. _____

_____

Para escuchar mejor: Los megaparques

ANTES DE ESCUCHAR

❖ **A. Anticipar la información.** Ud. va a escuchar parte de una conferencia sobre un nuevo método para conservar los recursos naturales: los megaparques. Antes de escuchar, anote cinco palabras del Vocabulario del tema de su libro de texto que Ud. cree que podría oír durante la conferencia.

1. _____

2. _____

3. _____

4. _____

5. _____

B. Vocabulario en contexto. Escuche las siguientes tres oraciones tomadas de la conferencia. Después de oír cada una dos veces, adivine el significado en inglés de la palabra anotada, según el contexto. Luego, escriba el verbo que tiene la misma raíz que la palabra anotada.

1. compartidos _____ verbo: _____

2. desarrollado _____ verbo: _____

3. llamado _____ verbo: _____

¡A ESCUCHAR!

A. Comprensión. Ahora escuche la conferencia sobre los megaparques. Luego, indique si las siguientes oraciones son ciertas (C) o falsas (F) según lo que Ud. oyó en la conferencia.

1. _____ Es posible controlar la migración de los animales.

2. _____ Los megaparques son reservas ecológicas enormes dentro de un país.

3. _____ La Amistad es el megaparque más antiguo y más avanzado.

4. _____ Sí-a-Paz quiere ayudar no sólo la naturaleza sino también a los seres humanos.

5. _____ Paseo Pantera es un proyecto multinacional.

❖ **B. ¡Apúntelo!**

Paso 1. Ahora rebobine la cinta y vuelva a escuchar la conferencia. Tome apuntes sobre lo que oiga, usando el siguiente bosquejo como guía.

I. Los megaparques

A. definición:

B. colaboradores:

II. Megaparque 1
    A. nombre:

    B. países:

    C. fecha de establecimiento:

    D. protege:

III. Megaparque 2
    A. nombre:

    B. países:

    C. fecha de establecimiento:

    D. protege:

IV. Megaparque futuro
    A. nombre:

    B. países:

Paso 2. Ahora haga un breve resumen del contenido de la conferencia, usando sus apuntes como guía.

_____

_____

_____

_____

_____

_____

_____

_____

Answer Key

Para empezar

Puntos clave: Introducción

Práctica de formas verbales   **A.** 1. hago, hice, hacía, he hecho, haré/haría, haga, hiciera 2. somos, fuimos, éramos, hemos sido, seremos/seríamos, seamos, fuéramos 3. va, fue, iba, ha ido, irá/iría, vaya, fuera 4. sé, supe, sabía, he sabido, sabré/sabría, sepa, supiera 5. tienen, tuvieron, tenían, han tenido, tendrán/tendrían, tengan, tuvieran 6. puedes, pudiste, podías, has podido, podrás/podrías, puedas, pudieras.   **B.** 1. Le escribo. 2. Le estoy escribiendo. / Estoy escribiéndole. 3. Le escribí. 4. Le escribía. 5. Le he escrito. 6. Le escribiré. 7. Le escribiría. 8. Quiere que le escriba. 9. Quería que le escribiera. 10. Escríbele. 11. No le escriban. 12. Escribámosle.

Puntos clave   **A.** 1. está 2. Es 3. es 4. es 5. están 6. es 7. Son 8. están 9. están 10. estar   **B.** 1. más 2. que 3. más 4. que 5. como 6. menos 7. que 8. más 9. que 10. tan 11. como 12. de   **C.** 1. haya 2. deba 3. participe 4. pueden 5. busque 6. cambie 7. hagan   **D.** 1. era, 2. gustaba 3. tenía 4. iban 5. tenían 6. invitó 7. estaba 8. quiso/quería 9. convenció 10. fue 11. esperaba 12. ganó 13. empezó 14. hacían   **E.** 1. le gustaba 2. les encantaba 3. Le importaban 4. les molestó 5. Le gusta 6. les fascina 7. les encantan 8. le molestaría 9. le da 10. le encanta 11. nos gustaría   **F.** 1. pudiera 2. ganaría 3. tuviera 4. trataría 5. acompañaría 6. fuera 7. pagaría 8. podría 9. sería   **G.** 1. irá 2. llegue 3. tendrá 4. asistirá 5. vuelva 6. empezará 7. estará 8. tomará

Prueba diagnóstica

A. 1. c [P] 2. c [C] 3. a [G] 4. b [H] 5. a [R] 6. b [P] 7. b [H] 8. a [F] 9. a [C] 10. c [R]

B. [D] 1. espaciosa 2. Las, eclécticas 3. es, está 4. de Puerto Rico 5. preocupados   **C.** 1. van 2. haría 3. está 4. vengan 5. gustarían   **D.** [P] 1. estuvo 2. pasó 3. vio   4. se sorprendió 5. tenía 6. llevaba 7. había 8. Fue   **E.** A Cristina no le gusta que Diego tenga menos de dos horas a la semana para estar con ella. [G] [R] [C]

Puntos clave

Dictado. 1. Según Sergio, es increíble que los norteamericanos no sepan más de la música latina. [R] 2. Cuando termine sus estudios posgraduados, Laura se mudará al Ecuador. [F] 3. Sara es más delgada que Laura pero menos alta que ella. [C] 4. Cuando tenía veintitrés (23) años, Sara consiguió trabajo en una emisora de radio. [P] 5. A Javier le encanta hablar con todo el mundo. Por eso le gusta su trabajo en Ruta Maya. [G]

Capítulo 1

Vocabulario del tema

A. 1. c 2. g 3. f 4. i 5. a 6. h 7. b 8. j 9. e 10. d   **B.** 1. encantadora 2. se lleva bien 3. presumido 4. despistado 5. cicatrices 6. va a la moda 7. rara 8. cae muy bien   **C.** (*Respuestas posibles*) 1. Las patillas que lleva Luke Perry están de moda. 2. El tío de Raúl que es rico también es muy tacaño. / El tío rico que tiene Raúl es muy tacaño. 3. El lunar que tiene Marta al lado de la boca es como el de Cindy Crawford. 4. El profesor que se llama Pablo Pérez es el más presumido que he tenido. 5. Los turistas que vienen de Salamanca son encantadores. 6. Los brazos de Felipe que mira Lola están llenos de tatuajes. 7. El niño que está detrás del edificio es grosero. 8. La canción deprimente que canta Plácido Domingo trata de un amor perdido. 9. Los aretes que están decorados con diamantes cuestan mucho dinero. 10. La mujer del pelo liso que está sentada en la mesa es la dueña de Ruta Maya. **E.** 1. habla por los codos 2. es una caradura 3. tiene mala pinta 4. no tiene pelos en la lengua; se toma a pecho 5. es buena gente

Puntos clave

Práctica de formas verbales **A.** 1. caigo, caí, caía, he caído, caeré/caería, caiga, cayera 2. estamos, estuvimos, estábamos, hemos estado, estaremos/estaríamos, estemos, estuviéramos 3. se lleva, se llevó, se llevaba, se ha llevado, se llevará/se llevaría, se lleve, se llevara 4. me parezco, me parecía, me he parecido, me pareceré/me parecería, me parezca, me pareciera 5. suavizan, suavizaron, suavizaban, han suavizado, suavizarán/suavizarían, suavicen, suavizaran 6. toma, tomó, tomaba, ha tomado, tomará/tomaría, tome, tomara **B.** 1. Los rechaza. 2. Los está rechazando. / Está rechazándolos. 3. Los rechazó. 4. Los rechazaba. 5. Los ha rechazado. 6. Los rechazará. 7. Los rechazaría. 8. Quiero que los rechace. 9. Quería que los rechazara. 10. Recházalos. 11. No los rechacen. 12. Rechacémoslos.

Los puntos clave principales *Descripción* **A.** 1. estoy 2. Son 3. estoy 4. es 5. son 6. es 7. está 8. es 9. estoy 10. es 11. Estoy 12. ser 13. estás 14. es **B.** 1. es 2. es 3. es 4. es 5. es 6. está 7. somos 8. es 9. Es 10. está 11. es 12. ser 13. ser 14. estar **C.** 1. Las canciones de Julio son muy chistosas. 2. Muchas películas son demasiado violentas. 3. Las patillas largas son muy atractivas. 4. El vestido que lleva Sara es elegantísimo. 5. Los perros del rancho de mi abuelo son muy viejos. 6. Julia y Susana son más cultas que Leonardo. 7. Los chicos de Madrid son más serios que los de Sevilla. 8. Tengo otra situación dificilísima. **D.** 1. español 2. juveniles 3. hispana 4. clásica 5. única 6. conocidos 7. variados 8. eclécticas 9. artística 10. heredada 11. pronunciada **E.** 1. esperados 2. inundadas 3. vestida 4. acompañada 5. sentada 6. abierta 7. emocionados 8. adorada

Comparación **D.** 1. más temprano que 2. más solo que 3. más que 4. tan saludable como 5. tan delgado como 6. menos hablador que

Los otros puntos clave **B. Paso 1.** (*Respuestas posible*) 1. Los que hablan por los codos sufren de inseguridad. 2. La presentadora aconseja que la persona respire profundamente y que hable con voz natural y con autoridad. **C.** 1. A María le encanta el tatuaje de su novio. 2. A mí me fascinan los profesores despistados. 3. A la gente famosa no le gustan las arrugas. 4. A mis padres les interesan los estudios sobre la Generación X. **F.** 1. Es bueno que Sara trabaje en la emisora de radio puesto que (a ella) le gusta hablar con la gente. 2. Cuando era joven Diego era tacaño, pero ahora gasta más de $2.000 dólares al año comprando ropa.

PRACTICA ORAL

Situaciones

A. (*Respuestas posible*) Diego conoció a Sara en un centro comercial. Sara ayudó a Diego con sus compras. Sara le presentó a su compañera de cuarto, Laura. Todos se fueron a Ruta Maya para escuchar música y allí conocieron a Javier. Sergio apareció a medianoche. Todos se quedaron hasta las 3:00 de la madrugada.

Puntos clave

A. (*Las opiniones variarán.*) 1. Sergio 2. Sara 3. Sergio 4. Sara 5. Sergio **B.** 1. Cuando los dueños del café le ofrecieron el trabajo a Javier, lo aceptó sin pensarlo dos veces. **P** 2. A los clientes les encanta conocer a los artistas locales cuyas obras se exponen en Ruta Maya. **G** 3. El ambiente del café Ruta Maya es tan relajado como el del café favorito de Javier en Puerto Rico. **G** 4. Es bueno que Javier trabaje en un café porque tiene mucho contacto con el público y le encanta hablar. **R** 5. Si Diego tuviera problemas personales, se los contaría a su primo Sergio. **H**

Antes de escuchar   **B.** 1. 15 2. 500 3. 40

¡A escuchar!   **A.** 1. F 2. F 3. C 4. C 5. C 6. F 7. C

Capítulo 2

PRACTICA ESCRITA

Vocabulario del tema

A. 1. g 2. j 3. a 4. e 5. b 6. f 7. d 8. c 9. h 10. i   **B.** 1. extraño 2. se mudó 3. sea 4. se comportan
5. hace caso 6. apoyarme   **C.** (*Explanation sentences will vary.*) 1. sumiso 2. alabar 3. mandona
4. hermano   **G. Paso 1.** 1. lo que, alabar 2. que, la madrastra 3. cuyo, el gemelo 4. que, la brecha
generacional 5. lo que, el apodo 6. cuyos, la hija adoptiva 7. lo que, regañar 8. que, cuyos, mimada
Paso 2. 1. una persona que no tiene hermanos ni hermanas 2. el hijo más pequeño de la familia
3. echar de menos; sentir nostálgico/a hacia alquien o algo 4. la característica de una persona que sólo
piensa en sí misma.

Puntos clave

Práctica de formas verbales   **A.** 1. agradezco, agradecí, agradecía, he agradecido, agradeceré/agradecería,
agradezca, agradeciera 2. negamos, negamos, negábamos, hemos negado, negaremos/negaríamos,
neguemos, negáramos 3. se queja, se quejó, se quejaba, se ha quejado, se quejará/se quejaría, se queje,
se quejara 4. ruego, rogué, rogaba, he rogado, rogaré/rogaría, ruegue, rogara 5. sugieren, sugirieron,
sugerían, han sugerido, sugerirán/sugerirían, sugieran, sugirieran 6. compartes, compartiste, compartías,
has compartido, compartirás/compartirías, compartas, compartieras **B.** 1. Lo obedecen. 2. Lo están
obedeciendo. / Están obedeciéndolo. 3. Lo obedecieron. 4. Lo obedecían. 5. Lo han obedecido.
6. Lo obedecerán. 7. Lo obedecerían. 8. Es bueno que lo obedezcan. 9. Era bueno que lo obedecieran.
10. Obedécelo. 11. No lo obedezcan. 12. Obedezcámoslo.

Los puntos clave principales   **El subjuntivo A.** 1. vuelva 2. tenga 3. se mude 4. esté 5. viva 6. se vaya
7. regrese 8. quieren, estén 9. debe 10. estar 11. presionen 12. tienen   **B. Paso 1.** 1. cause 2. se llevan
3. están 4. ayude 5. sea 6. vaya 7. pase 8. haya 9. sea   **C.** 1. se encargue 2. contrate 3. conozca 4. es
5. tenga 6. pida 7. tener 8. tocan 9. aumenta 10. ofrezca 11. sea 12. guste   **Los mandatos** 1. Escóndelo.
2. Recházalos. 3. Castígalo. 4. Compártelos. 5. Apóyalos. 6. Suavízalas. **B.** 1. No seas comprensivo.
2. No le compres más regalos. 3. No alabes a tus hijos. 4. No los críes en el campo. 5. No les des buenos
consejos. 6. No protejas a los pequeños.   **C.** (*Respuestas posibles*) 1. Te recomiendo que termines tu tarea
ahora. 2. Te ruego que visites a los abuelos. 3. Te pido que compartas la pizza con tu hermano.
4. Prefiero que se mude inmediatamente. 5. Espero que no castigue al niño. 6. Quiero que los llame
pronto. 7. Le recomiendo que no se queje.

Los otros puntos clave   **A.** 1. tradicionales 2. conservadores 3. son 4. exigentes 5. sus 6. liberal
7. ser 8. entrometida 9. conservadora 10. estricta 11. amistosas 12. sus 13. sus 14. fundamentales
G. 1. Aunque a Javier le encanta tener una familia unida, quiere que su madre sea menos entrometida.
2. No es buena idea ponerle un apodo cursi a su hijo (hija). ¡No lo haga!

Prueba diagnóstica

A. 1. a (R) 2. c (C) 3. c (H) 4. a (R) 5. b (F) 6. a (P) 7. b (H) 8. b (G) 9. c (P) 10. c (C)   **B.** (D) 1. Las,
bonitas 2. es, está 3. bien organizada 4. de acuerdo con él **C.** 1. llegué (P) 2. vi (P) 3. estaba (P)
4. reconocí (P) 5. había trabajado (P) 6. tenía (P) 7. dedique (R) 8. valga (R) 9. viviera (R)
10. disfrutaría (H) 11. Iría (H) 12. encantaba (P) 13. vuelva (R) 14. descubrirás (F)   **D.** Sara recomienda
que Pilar trabaje menos de sesenta (60) horas por semana.

PRACTICA ORAL

Situaciones

A. (*Respuestas posibles*) 1. Sara y Laura la llevaron a varias galerías, a la universidad y a un restaurante. 2. Sergio la invitó a Calle Ocho. 3. Pasó un día ayudando a Diego en «Tesoros». 4. Vendió una alfombra cara. 5. Javier anunció que salía con Laura. 6. Javier estaba medio loco. 7. Su madre estaba orgullosa de haber vendido la alfombra. 8. Su madre estaba muy contenta con los amigos de Javier.

Puntos clave

B. 1. La Sra. de Mercado insiste en que Javier se case con una puertorriqueña. ⓡ 2. La verdad es que Javier es más rebelde e independiente que su hermano gemelo, Jacobo. ⓒ 3. Mientras Laura estudiaba en la biblioteca anoche, Manuel la llamó desde el Ecuador y le dejó un mensaje con un tono decepcionado. ⓟ 4. Los padres de Sara se pondrán muy contentos cuando Sara por fin vuelva a España. ⓕ 5. La Sra. de Mercado mimaba a Jacobo porque él tenía problemas de salud cuando era niño. ⓟ

Para escuchar mejor

Antes de escuchar **B.** 1. Tienen derecho a elegir su propio gobernador puertorriqueño. 2. Puerto Rico a veces parece territorio de los Estados Unidos y a veces nación independiente. 3. Mucha gente cree que los Estados Unidos no piensa en el bienestar de los puertorriqueños.

¡A escuchar! **A.** (*Respuestas posibles*) 1. No. Es un Estado Libre Asociado de los Estados Unidos. 2. Se usa el dólar norteamericano. 3. Español e inglés son los dos idiomas oficiales. 4. Los puertorriqueños pueden formar parte del ejército norteamericano. 5. No. Como son ciudadanos norteamericanos, pueden trabajar y vivir en los Estados Unidos sin documentación oficial. 6. No están de acuerdo. Hay varios grupos que quieren las dos cosas.

Capítulo 3

PRACTICA ESCRITA

Vocabulario del tema

A. (*Explanations will vary.*) 1. regañar 2. dañino 3. abrazar 4. discutir 5. halagada   **B.** 1. avergonzada 2. dejó plantada 3. dañinas 4. noviazgo 5. fracaso 6. coquetear   **C.** 1. está / se siente cansado 2. está / se siente confundida 3. está / se siente asustada 4. está / se siente avergonzado 5. está / se siente asqueado 6. está / se siente enojada

Puntos clave

Práctica de formas verbales **A.** 1. confío, confié, confiaba, he confiado, confiaré/confiaría, confíe, confiara 2. merecemos, merecimos, merecíamos, hemos merecido, mereceremos/mereceríamos, merezcamos, mereciéramos 3. se pone, se puso, se ponía, se ha puesto se pondrá / se pondría, se ponga, se pusiera 4. abrazo, abracé, abrazaba, he abrazado, abrazaré / abrazaría, abrace, abrazara 5. ligan, ligaron, ligaban, han ligado, ligarán/ligarían, liguen, ligaran 6. rompe, rompió, rompía, ha roto, romperá/rompería, rompa, rompiera   **B.** 1. Lo abrazamos. 2. Lo estamos abrazando. / Estamos abrazándolo. 3. Lo abrazamos. 4. Lo abrazábamos. 5. Lo hemos abrazado. 6. Lo abrazaremos. 7. Lo abrazaríamos. 8. Es importante que lo abracemos. 9. Era importante que lo abrazáramos. 10. Abrázalo. 11. No lo abracen. 12. Abracémoslo.

El punto clave principal **A. Paso 1.** 4. d/e 5. a 6. a 7. a/b 8. b 9. b 10. b 11. a/b 12. b 13. d 14. b 15. a/b 16. d **Paso 2.** 1. conoció 2. estudiaba 3. conocía 4. se quedaba 5. era 6. quería 7. quería 8. podía 9. daba 10. se enteró 11. iba 12. Sabía 13. presentó 14. cayó 15. Quería 16. tenía 17. se resolvió   **B. Paso 1.** 1. estaba 2. entró 3. preguntó 4. quería 5. dijo 6. se sentía 7. salieron 8. Vieron 9. se rieron 10. hacía 11. entraron 12. tomaron 13. Eran 14. regresaron 15. se acostó 16. estaba 17. empezó **Paso 2.** la columna: entró, preguntó, dijo, salieron, Vieron, se rieron, entraron, tomaron, regresaron, se acostó, empezó; la carne: estaba, quería, se sentía, hacía, Eran, estaba   **C.** 1. pasaba

2. terminaban 3. duraban 4. eran 5. encantaban 6. había 7. pasaba 8. Se llamaba 9. murió 10. fue 11. volvió 12. se quedó 13. decidieron 14. comunicaron 15. gustó 16. hacía 17. empezó 18. decidió 19. Empezó 20. fue 21. conocía 22. gustaba 23. hizo 24. se fue 25. se enteró 26. iba **E. Paso 1.** 1. era 2. Salía 3. Se llamaba 4. eran 5. nació 6. era 7. quería 8. era 9. llegó 10. había encontrado 11. pasaban 12. encantaba 13. estudiaban 14. tenía 15. estaba 16. empezó 17. se emocionó 18. había soñado 19. iba 20. dudó 21. pensó 22. se quedó 23. se dio cuenta 24. iba 25. importaba 26. habían compartido 27. vio 28. explicó 29. gustaba 30. tenía 31. dijo 32. era 33. estaba 34. se despidió 35. ha sido

Los otros puntos clave **A.** 1. estaban asustadas 2. era, chistosos 3. sean, celosos 4. son, compartidos **D.** 1. A la gente romántica le gusta pasear bajo las estrellas. 2. A nosotros nos molestan los quehaceres domésticos. 3. A los turistas les encantan las mariposas monarca. 4. A Frida Kahlo le fascinaban las pinturas de Diego Rivera. **G.** 1. A Diego le molesta que Cristina coquetee con otros hombres. 2. Si yo fuera Cristina, rompería con Diego puesto que / ya que él siempre está pensando en su tienda.

PRACTICA ORAL

Situaciones

A. (*Respuestas posibles*) 1. Fueron a una exposición de José Guadalupe Posada. 2. Se encontraron con Laura para comer. 3. Fueron de compras. 4. Cristina compró una falda.

Puntos clave

B. 1. A Cristina le molestó mucho que Diego la dejara plantada. 2. Si Diego tuviera otra persona en quien pudiera confiar, podría dejar «Tesoros» de vez en cuando. 3. Es importante que los miembros de una pareja se lleven bien y que sean sinceros entre sí. 4. Las relaciones que Laura tiene con Javier son más relajadas que las que tiene con Manuel porque Javier es menos celoso que él. 5. El chico con quien estuvo hablando Sara en Ruta Maya la llamó ayer para invitarla a cenar.

Para escuchar mejor

Antes de escuchar **B.** 1. 1889 2. 1913 3. 1921 4. 1967

¡A escuchar! **A.** 1. Era una mujer activa, atrevida y rebelde. 2. Porque el gobierno mexicano la invitó para darle las gracias por haberle salvado la vida a un muchacho mexicano. 3. Porque era periodista y hacía reportajes sobre las excavaciones arqueológicas de Chichén-Itzá. 4. Se enamoró de él. 5. Felipe estaba casado. 6. Felipe se divorció de su primera esposa. 7. No. Los enemigos de Felipe lo mataron antes de su boda. 8. Fue un amor verdadero, trágico y eterno.

Capítulo 4

PRACTICA ESCRITA

Vocabulario del tema

A. (*Las explicaciones variarán.*) 1. F 2. F 3. F 4. C 5. C **E.** 1. madrugar 2. disminuya 3. aprovechar 4. posponga 5. exitoso 6. convencerlo 7. libre 8. saludable

Puntos clave

Práctica de formas verbales **A.** 1. velo, velé, velaba, he velado, velaré/velaría, vele, velara 2. madrugamos, madrugamos, madrugábamos, hemos madrugado, madrugaremos/madrugaríamos, madruguemos, madrugáramos 3. realiza, realizó, realizaba, ha realizado, realizará/realizaría, realice, realizara 4. pospongo, pospuse, posponía, he pospuesto, pospondré/pospondría, posponga, pospusiera 5. cargan, cargaron, cargaban, han cargado, cargarán/cargarían, carguen, cargaran 6. te ríes, te reíste, te reías, te has reído, te reirás/te reirías, te rías, te rieras **B.** 1. Se entretienen. 2. Se están entreteniendo. / Están entreteniéndose. 3. Se entretuvieron. 4. Se entretenían. 5. Se han entretenido. 6. Se entretendrán. 7. Se entretendrían. 8. Me alegro de que se entretengan. 9. Me alegraba de que se entretuvieran. 10. Entretente. 11. No se entretengan. 12. Entretengámonos.

El punto clave principal   *Gustar* **y otros verbos parecidos. A.** 1. te gustó 2. me gustaba 3. le encantan 4. le resulta 5. le fascinan 6. les preocupa 7. nos da   **B.** (*Las completaciones variarán.*) 1. A Sergio le emocionan los conciertos de Mercedes Sosa porque... 2. A Sara y a Laura les gusta el café con leche y las galletas de chocolate aunque... 3. A Diego le hace falta más tiempo libre para... 4. A Javier le fastidian las sugerencias de su madre sobre su futura esposa ya que... 5. (A ti) Te molestan las bromas, por lo tanto... 6. A Sara le interesaría entrevistar a Steven Spielberg, pero...

Los pronombres de complemento directo e indirecto. A. 1. les 2. [ ] 3. [ ] 4. la 5. les 6. [ ] 7. [ ] 8. lo 9. le 10. [ ] 11. [ ] 12. lo 13. le 14. [ ] 15. le 16. [ ] 17. los 18. [ ] 19. les 20. [ ] 21. les 22. [ ] **C.** (*Respuestas posibles*) 1. Tengo un problema que necesito comentar con mi profesor, así que podemos comentarlo en nuestra reunión mañana. 2. Me encanta la música caribeña, y por eso la escucho todas las noches. 3. Después de establecer una meta grande me siento ansiosa; por eso establezco metas pequeñas para poder realizarla. 4. El desempleo es un problema grave hoy en día, y por lo tanto el gobierno quiere hacer todo lo posible para eliminarlo. 5. Tener palanca es una ventaja cuando se está buscando un buen empleo; sin embargo, conseguirlo por su propia cuenta es mejor.

Los otros puntos clave   **A.** 1. escrito 2. renombrada 3. moderna 4. negativas 5. agotadas 6. son 7. agobiantes 8. muchas 9. adecuado 10. estar 11. sus   **G.** 1. Sara lo pasó fatal anoche porque su amigo Pepe estaba de mal humor y se comportó/actuó como un aguafiestas. 2. Velaría toda la noche si tuviera que preparar un presupuesto para mi trabajo.

Prueba diagnóstica

A. 1. b (R) 2. c (H) 3. a (G) 4. b (P) 5. c (R) 6. b (H) 7. a (C) 8. c (G) 9. c (D) 10. a (R)   **B.** 1. Los, variados (D) 2. me gustó, vi, era (P) 3. bien (D) 4. están, desilusionadas (D) 5. impresionista (D) **C.** 1. tenía (P) 2. encantaba (P) 3. decidieron (P) 4. Era (P) 5. se enteró (P) 6. iba (P) 7. se puso (P) 8. pasaron (P) 9. recibió (P) 10. acompañe (R) 11. encantaría (H) 12. tenga (R) 13. puede/podrá (F) **D.** Le fascina la música latinoamericana a Sergio tanto como le fascina a su padre. (G) (C)

PRACTICA ORAL

Situaciones

A. (*Respuestas posibles*) 1. Diego preparó una comida excelente. 2. Charlaron y bailaron. 3. Francisco Ramos llegó y los entretuvo con sus historias. 4. Hicieron una barbacoa. 5. Diego estaba muy animado. 6. Cristina estaba de muy buen humor. 7. Sara y Laura estaban muy orgullosas.

Puntos clave

B. 1. A la gente fiestera uruguaya le encanta pasar los fines de semana en las playas del Océano Atlántico. (G) 2. En su época, Carlos Gardel era tan popular como Elvis Presley en su propio tiempo. (C) 3. Cuando Sergio tenía dieciocho años, su amor a la música se convirtió en amor al baile. (P) 4. Si sufriera Ud. del estrés, ¿iría a un psicólogo o se reuniría con sus amigos para resolver sus problemas? (H) 5. Para una persona cuya meta es ser millonaria antes de cumplir los 30 años, es necesario sacarse el aire constantemente. (R)

Para escuchar mejor

Antes de escuchar   **B.** 1. 1934 2. 15 3. 70 4. 1982

¡A escuchar!   **A.** 1. F 2. C 3. C 4. C 5. F

Capítulo 5

Vocabulario del tema

A. 1. b 2. e 3. g 4. a 5. c 6. f 7. d 8. h **B.** (*Las explicaciones variarán.*) 1. el derecho 2. defraudar 3. involucrado 4. la sede **F.** 1. alarmante 2. estadísticas 3. reportajes 4. atentados 5. crimen 6. huelgas 7. desnutrición 8. desalentadores 9. medios de comunicación 10. voluntaria 11. peligroso 12. desilusionada 13. colaborar 14. desarrollo

Puntos clave

Práctica de formas verbales **A.** 1. aguanto, aguanté, aguantaba, he aguantado, aguantaré/aguantaría, aguante, aguantara 2. compadecemos, compadecimos, compadecíamos, hemos compadecido, compadeceremos/compadeceríamos, compadezcamos, compadeciéramos 3. vale, valió, valía, ha valido, valdrá/valdría, valga, valiera 4. me entero, me enteré, me enteraba, me he enterado, me enteraré/me enteraría, me entere, me enterara 5. chocan, chocaron, chocaban, han chocado, chocarán/chocarían, choquen, chocaran 6. contribuyes, contribuiste, contribuías, has contribuido, contribuirás/contribuirías, contribuyas, contribuyeras **B.** 1. Lo fortalezco. 2. Lo estoy fortaleciendo. / Estoy fortaleciéndolo. 3. Lo fortalecí. 4. Lo fortalecía. 5. Lo he fortalecido. 6. Lo fortaleceré. 7. Lo fortalecería. 8. Ella sugiere que lo fortalezca. 9. Ella sugirió que lo fortaleciera. 10. Fortalécelo. 11. No lo fortalezcan. 12. Fortalezcámoslo.

El punto clave principal **A.** 1. Si mi madre se enterara de mis problemas, se enojaría conmigo. 2. Si las leyes cambiaran, los inmigrantes perderían sus derechos. 3. Si el dictador fuera culpable, lo matarían. 4. Si las estadísticas indicaran que la deuda ha/había aumentado, tendríamos que pagar más impuestos. **C. Paso 1.** 1. Si Sergio recibiera una invitación, iría al Festival Musical de Viña del Mar en Chile. 2. Si Javier volviera a Puerto Rico, se casaría con una puertorriqueña. 3. Si Sergio estuviera en Pamplona en julio, correría con los toros. 4. Si los estudiantes vieran las momias en el museo de Guanajuato, se quedarían helados. **Paso 2.** 1. Sergio receives, he will go; Sergio received (were to receive), he would go 2. Javier returns, he will marry; Javier returned (were to return), he would marry 3. Sergio is, he will run; Sergio were, he would run 4. the students see, they will be; the students saw (were to see), they would be

Los otros puntos clave **A.** 1. moderna 2. práctica 3. actuales 4. inteligentes 5. escandalosos 6. corruptos 7. polémicos 8. peligrosas 9. común 10. críticos **E.** 1. A Laura le molestan los consejos de su padre. 2. A Javier le fascina charlar con los clientes de Ruta Maya. 3. A Sergio y a Diego les interesan las fiestas familiares. 4. A Sara y a Laura les importa el bienestar del planeta. 5. A los cinco amigos les encanta reunirse en Ruta Maya siempre que pueden. **G.** 1. El padre de Laura no quiere que ella vaya a Colombia porque a él le molesta la violencia y él no cree que valga la pena tomar el riesgo. 2. Si tú hicieras de voluntario/a en Latinoamérica, aprenderías español rápido/rápidamente y colaborarías/trabajarías con mucha gente fascinante.

Situaciones

A. (*Respuestas posibles*) 1. Su padre le mandó artículos negativos sobre Latinoamérica. 2. Laura sacó información del Internet sobre Latinoamérica. 3. Laura alquiló documentales de *National Geographic*. 4. Laura se fue a visitar a su padre. 5. Ella hizo todo lo posible para tranquilizarlo. 6. Su padre estaba muy preocupado. 7. Laura estaba enojada con su padre. 8. Su padre se sentía más tranquilo cuando supo que Javier iba a acompañarla a Colombia.

Puntos clave

B. 1. A Laura le molestan los titulares negativos que vienen de Latinoamérica porque le preocupan a su padre. 2. Según Sergio, hay tanto crimen en los Estados Unidos como en Latinoamérica, pero el Sr. Taylor no está convencido de ello. 3. Me dio pánico cuando vi a dos sospechosos entrar en la sede con un rehén medio muerto. **P** 4. Si hubiera una huelga protestando el aumento en la matrícula de su universidad, ¿participaría Ud.? **H** 5. Hoy en día es importante que todos los ciudadanos luchen contra los prejuicios. **R**

Para escuchar mejor
Antes de escuchar **B.** 1. 9 2. 1986 3. 1996 4. 8
¡A escuchar! **A.** 1. c 2. b 3. c 4. a

Capítulo 6

Vocabulario del tema
A. 1. e 2. h 3. b 4. j 5. c 6. d 7. f 8. a 9. g 10. i **B.** 1. disponibles 2. inesperado, aportar 3. recaudar 4. la autopista de la información 5. la desforestación **C. Paso 1.** 1. cuyo, un ser humano 2. lo que, la sobrepoblación 3. que, los recursos naturales 4. lo que, curar 5. lo que, el caos 6. que, la bola de cristal

Puntos clave
Práctica de formas verbales **A.** 1. alcanzo, alcancé, alcanzaba, he alcanzado, alcanzaré/alcanzaría, alcance, alcanzara 2. predecimos, predijimos, predecíamos, hemos predicho, prediremos/prediríamos, predigamos, predijéramos 3. se supera, se superó, se superaba, se ha superado, se superará/se superaría, se supere, se superara 4. recaudo, recaudé, recaudaba, he recaudado, recaudaré/recaudaría, recaude, recaudara 5. reemplazan, reemplazaron, reemplazaban, han reemplazado, reemplazarán/reemplazarían, reemplacen, reemplazaran 6. adivinas, adivinaste, adivinabas, has adivinado, adivinarás/adivinarías, adivines, adivinaras **B.** 1. Me asustas. 2. Me estás asustando. / Estás asustándome. 3. Me asustaste. 4. Me asustabas. 5. Me has asustado. 6. Me asustarás. 7. Me asustarías. 8. No quiero que me asustes. 9. No quería que me asustaras. 10. Asústame. 11. No me asusten. 12. Asustémoslos.

El punto clave principal **A.** 1. sigue 2. habrá 3. tendremos 4. haya 5. aumentará 6. podremos 7. reciclamos 8. tome 9. tendremos 10. se decide 11. sufrirá **B.** (*Formas verbales*) 1. haya 2. se agoten 3. se elimine 4. vea 5. me diga **C. Paso 1.** 1. Habrá mucho tráfico. 2. Estará atrasada. 3. Estará emocionado. 4. Tendrá un problema. 5. Estará harto.

Los otros puntos clave **A.** 1. muchas 2. pocos 3. virtuales 4. Algunas 5. obsoletos 6. innovadores 7. ingeniosos 8. inesperados 9. insalubres 10. horripilantes 11. listos 12. tecnológicas 13. superado **F.** (*Formas verbales*) 1. fuera 2. tuvieran 3. supiera 4. estuvieran 5. quisiera **G.** 1. Cuando tengas 50 años, habrá adelantos ingeniosos que harán que tu vida sea más fácil que la de ahora. 2. El gobierno recomienda que deje de agotar los recursos naturales ya que van a desaparecer rápidamente.

Situaciones
A. (*Respuestas posibles*) 1. Sara sugirió que Javier le dijera a su madre que salía con Laura. Diego dejó de trabajar tanto e invitó a Javier y a Laura a bailar en Calle Ocho con él y Cristina. Laura recibió una postal de Colombia y Javier se ofreció para acompañarla. 2. Después de confirmar definitivamente que Laura y Javier salían juntos, María Metiche estaba muy contenta. 3. Laura y Javier estaban emocionados la primera noche en que bailaron juntos en Calle Ocho. 4. El padre de Laura estaba aliviado cuando oyó que Javier acompañaría a su hija a Colombia.

Puntos clave
B. 1. Es fantástico que Diego haya dejado de pasar tanto tiempo en «Tesoros». **R** 2. La clonación de seres humanos es más horripilante que la llegada de extraterrestres a nuestro planeta. **C** 3. Si nuestros

hijos toman en serio la conservación de los recursos naturales, habrá esperanza para el nuevo milenio. **F**

4. A Laura le preocupa la desigualdad y la falta de armonía que observa en el mundo actual. **G**

5. Si Diego pudiera comprar y vender productos a través del Internet, sería alucinante. **H**

Para escuchar mejor

Antes de escuchar **B.** 1. shared, compartir 2. developed, desarrollar 3. called, llamar

¡A escuchar! **A.** 1. F 2. F 3. C 4. C 5. C

About the Authors

Sharon Wilson Foerster is Coordinator of Lower Division courses at the University of Texas at Austin, where she directs the first- and second-year Spanish language program and trains graduate assistant instructors. She received her Ph.D. in Intercultural Communications from the University of Texas in 1981. Before joining the faculty at the University of Texas, she was the director of the Center for Cross-Cultural Study in Seville, Spain, for four years. She has continued her involvement in the Study Abroad program through her work as director of the Spanish Teaching Institute and academic advisor for Academic Programs International. She is the co-author of *Supplementary Materials to Accompany Puntos de partida* (McGraw-Hill), *Metas comunicativas para maestros* and *Metas comunicativas para negocios.*

Anne Lambright is Assistant Professor of Spanish at Bucknell University, where she teaches classes in Spanish language and Latin American civilization and literature. A former Fulbright Scholar in Ecuador, she received her Ph.D. from the University of Texas at Austin in 1997 and has published several articles on colonial and twentieth-century Andean narrative. Other interests and ongoing projects include translating literary works as well as developing special pedagogy and oral proficiency courses for elementary and high school teachers of Spanish and Bilingual Education.

Fátima Alfonso-Pinto teaches Spanish and Portuguese courses at the University of Texas at Austin. A former ERASMUS scholar in France, she received her Licenciatura en Filología Hispánica and her Curso de Aptitud Pedagógica diploma (1991) from the University of Salamanca and her M.A. from the University of Texas at Austin in 1995. She was a Spanish instructor for the international courses at the University of Salamanca and a D.E.L.E. tester for four years. In 1996 she received the Excellence Teaching Award for the Spanish department at Austin. She has presented several papers on Luso-Hispanic literature and has prepared a transcription and commentary of a Medieval manuscript, published in London (1998). She is currently supervising Spanish courses and writing her dissertation on literature of the Middle Ages.